民國歷史與文化研究

初 編

第 27 冊

國民政府對日戰爭索賠研究
——以「先期拆遷賠償」為中心的考察

王東進 著

花木蘭文化出版社

國家圖書館出版品預行編目資料

國民政府對日戰爭索賠研究——以「先期拆遷賠償」為中心的
考察／王東進 著 -- 初版 -- 新北市：花木蘭文化出版社，2015
〔民 104〕
目 2+164 面；19×26 公分
（民國歷史與文化研究 初編；第 27 冊）
ISBN 978-986-404-163-3（精裝）
1. 中日戰爭 2. 戰爭賠償
628.08   103027674

ISBN-978-986-404-163-3

9 789864 041633

民國歷史與文化研究
初　編　第二七冊   ISBN：978-986-404-163-3

國民政府對日戰爭索賠研究
──以「先期拆遷賠償」為中心的考察

作　　者　王東進
總 編 輯　杜潔祥
副總編輯　楊嘉樂
編　　輯　許郁翎
出　　版　花木蘭文化出版社
社　　長　高小娟
聯絡地址　235 新北市中和區中安街七二號十三樓
　　　　　電話：02-2923-1455／傳真：02-2923-1452
網　　址　http://www.huamulan.tw 信箱 hml810518@gmail.com
印　　刷　普羅文化出版廣告事業
初　　版　2015 年 3 月
定　　價　初編 32 冊（精裝）台幣 56,000 元

國民政府對日戰爭索賠研究

——以「先期拆遷賠償」為中心的考察

王東進　著

作者簡介

王東進，南京大學歷史學碩士；南京市江寧高級中學歷史教師，中一職稱。

研究方向：中國近現代史、中學歷史教學。

發表的主要論文及論著：

①《簡論戰後初期國民政府對日本的戰爭索賠》，《歷史教學問題》2006 年第 5 期。

②《淺析北洋軍閥對政治統治合法性的訴求——以吳佩孚為例》，《許昌學院學報》
2007 年第 3 期。

③主編《江寧地方史簡明教程》（2009 年江蘇教育出版社）

聯繫方式：南京市江寧高級中學，郵編：211100 郵箱：wdj4332@163.com

電話：15850690130

提　　要

根據當今國際法的劃分戰爭賠償包括國家間的戰爭賠償和民間個人受害賠償兩個部分。本文主要探討的是國民政府的對日戰爭索賠中國家間的戰爭賠償部分。關於國民政府的對日戰爭索賠，史學界進行了大量研究，但主要集中於探討國民政府最終放棄對日戰爭索賠的原因，而對於國民政府對日戰爭索賠的主要成果「先期拆遷賠償」的研究則比較薄弱。本文通過對「先期拆遷賠償」出臺、實施及其夭折全過程的考察，以及圍繞這一過程相關問題的研究，著重對以下兩個問題作了探討：一、國民政府為進行對日戰爭索賠做了哪些努力，其「先期拆遷賠償」是如何進行的，獲得的成果對國民政府戰後經濟恢復起了怎樣的作用？二、國民政府在對日索賠問題上有過怎樣的考慮，索賠的實施受到哪些因素的制約？國民政府最終放棄對日戰爭索賠原因何在？對於前述問題，本文通過大量史實的考證，首先肯定國民政府為實現對日戰爭索賠是作出大量努力的，如調查抗戰損失、制定索賠方案、設置索賠機構，以及「先期拆遷賠償」的實現等，其成果不僅對國民政府戰後經濟恢復起到了重要的作用，對新中國成立後的重工業建設也具有一定的奠定作用。至於國民政府放棄對日戰爭索賠的原因，本書也從戰後美國對日政策的轉變、國民政府遷臺後國際上的不利處境，以及日臺條約談判中日本政府的故意打壓等諸多方面作了透視和評析，認為國民政府的對日戰爭索賠問題是受制於多方因素的，國民黨政府最終從國際人道主義及國際法角度放棄對日本的戰爭索賠要求，順應了二戰後國際社會戰爭賠償理念的轉變趨勢，「以德報怨」從理念上看並無大錯。然而，「以德報怨」的目的是為中日兩國永久和平奠定基礎，倘僅僅將此視作一項經濟問題，而沒有相應要求日方對戰爭罪行作出深刻反省，就偏離了放棄對日戰爭賠償的本意，不僅由此錯過了通過放棄對日索賠從根本上使兩國關係得到改善的極好機遇，還給嗣後日本右翼勢力拒不承擔戰爭責任提供了「話把」，這是值得我們深刻反思的歷史教訓。

目次

導　論 ……………………………………………………………… 1
　　一、選題的意義 ……………………………………………… 1
　　二、學術史回顧 ……………………………………………… 4
　　三、文章結構及研究方法 ………………………………… 13
　　四、相關問題說明 ………………………………………… 15
第一章　國民政府對日戰爭索賠的準備 ……………………… 21
　第一節　國民政府的抗戰損失調查及調查機構
　　　　　設置沿革 …………………………………………… 21
　第二節　國民政府對日戰爭索賠政策的醞釀和
　　　　　提出 ………………………………………………… 31
第二章　戰後盟國對日戰爭索賠的準備 ……………………… 41
　第一節　戰後對日戰爭索賠工作機構的沿革與
　　　　　概況 ………………………………………………… 41
　第二節　戰後盟國對日賠償政策的制定及其實施 … 52
第三章　賠償局勢之演進及「先期拆遷賠償」方案
　　　　的出臺 …………………………………………………… 59
　第一節　賠償局勢的最初發展 …………………………… 59
　第二節　遠東委員會各盟國的分歧及臨時賠償
　　　　　方案的提出 ……………………………………… 65
　第三節　「先期拆遷賠償」方案的出臺 ……………… 80
第四章　「先期拆遷賠償」的實施及其夭折 ……… 85
　第一節　「先期拆遷賠償」的準備工作 …………… 85
　第二節　「先期拆遷賠償」的實施 ………………… 92
　第三節　賠償物資的分配及使用 ………………… 106
　第四節　「先期拆遷賠償」的夭折及其原因 …… 116
第五章　對日戰爭索賠的終止及臺灣當局完全
　　　　放棄對日索賠 ………………………………… 129
　第一節　《舊金山和約》的簽訂及盟國放棄對日
　　　　　戰爭索賠 ………………………………… 129
　第二節　日臺條約的簽訂及臺灣當局完全放棄
　　　　　對日索賠 ………………………………… 138
結　語 ………………………………………………… 147
主要參考文獻 ………………………………………… 153

表 次

要求日本工業設備拆遷充賠的種類和數量 ………… 64

日本國外資產明細表 ……………………………… 68

日本在一九五零年各工業每年可達到的生產量 …… 72

各國擬定的 11 個同盟國賠償額分配比例 ………… 75

日本保留和拆遷賠償的工業設備一覽表 ………… 78

中國要求日本賠償設備緊急拆遷項目 …………… 79

國民政府擬定要求日本賠償的物資概況 ………… 83

先期拆遷賠償設備價值統計表 …………………… 90

日本先期賠償物資遷建噸位及費用簡明表 ……… 93

監督拆遷賠償工廠外勤人員旅費預算 …………… 95

駐日代表團辦理賠償事宜臨時工作人員費用預算
　　總表 ………………………………………… 96

駐日代表團辦理賠償事宜臨時工作人員費用預算
　　分配表

　　1. 治裝費 ……………………………………… 97

　　2. 機船費 ……………………………………… 97

　　3. 薪金 ………………………………………… 98

計件賠償第一批工具機內容表 …………………… 101

第二批實驗設備中國接收數量分類統計表 ……… 102

第三批內剩餘設備中國分得的情況 ……………… 104

國防部等部門各自的分配數額 …………………… 109

資源委員會所屬接收先期賠償物資第一批計件工
　　具機單位表 ………………………………… 109

資源委員會接受賠償物資種類噸位表 …………… 112

資源委員會與中央各接受賠償物資單位噸位
　　比較表 ……………………………………… 112

資源委員會各受廠接受噸位及廠址表 …………… 113

東北方面設有鞍山鋼鐵公司接受日本賠償物資計
　　49000 噸 …………………………………… 114

華北方面設有華北鋼鐵公司，此次接受日本賠償物
　　資計 68000 噸 ……………………………… 115

華中方面設有華中鋼鐵公司，此次接受日本賠償物
　　資計 96000 噸 ……………………………… 115

導　論

一、選題的意義

　　對日戰爭索賠是抗戰勝利後國民政府的一項重要外交活動，該項活動其實早在抗戰過程中國民政府就已經開始著手進行。為了清算日本的侵華罪行，以便在戰後向日本索賠，1938 年 7 月，國民政府行政院制定了《抗戰損失調查辦法》及《調查須知》，通令各機關及地方各級政府調查具報，並指定國民政府主計處審核彙編所有材料。〔註1〕1944 年 2 月 5 日根據《行政院抗戰損失調查委員會組織規程》，國民政府正式成立了第一個從事抗戰損失調查的專門性機構，即「行政院抗戰損失調查委員會」，由翁文灝等七位常務委員組成。〔註2〕其職掌為調查自 1931 年 9 月 18 日以後因日本侵華給中國帶來的直接或間接損失。此後抗戰損失調查機構雖然經歷多次變遷，先後隸屬於內政部、行政院等部門，但抗戰損失調查工作一值得以持續進行。抗戰勝利後，國民政府在抗戰損失調查的基礎上正式開始了對日戰爭索賠工作。

　　對日戰爭索賠是戰後盟國處置日本問題的一項重要內容，根據國際法的規定，日本必須對其發動戰爭給亞洲各國人民造成損失給予賠償。因此，國民政府的對日戰爭索賠有其國際法依據，日本也只有在履行了戰爭賠償義務並與各被侵略國簽訂和平條約之後，才能作為平等的國際法主體重返國際社

〔註 1〕遲景德著：《中國對日抗戰損失調查史述》，（臺灣）「國史館」印行，1987 年 3 月第 1 版，第 7 頁。

〔註 2〕《德黑蘭、雅爾塔、波茨坦會議記錄摘編》，上海人民出版社，1974 年 9 月第 1 版，第 448 頁。

會。與此同時戰爭賠償問題不僅僅是一項經濟上的賠償問題，更重要的是日本如何看待其發動的侵略戰爭，如何處理與被侵略各國的關係，是一項涉及歷史認識的政治問題。從某種程度上說，戰爭賠償問題也是日本重新贏得亞洲各國諒解，實現與各國和平相處、共同發展的一次良機，戰爭賠償問題處理的結果關係到遠東的未來。

　　就中日關係而言，戰爭賠償問題可以成爲開創中日關係新局面的起點，進行戰爭賠償是日本認識和反省其侵略歷史的一個重要手段，是贏得中國人民諒解的基礎。中國的國家建設關鍵在於中國人民自身的努力，日本的戰爭賠償可以幫助中國在一定程度上恢復因戰爭而遭受創傷的國民經濟，改善人民的生活。但鑒於第一次世界大戰後，德國戰爭賠償教訓，戰爭賠償只是一種手段，是一次改善兩國關係重要機遇。中國人民無意於剝奪日本人民正常的生存權利，況且戰後盟國在制定對日索賠政策時就已經考慮到必須維持戰後日本人民正常的生活水平，雖然各國對具體標準有所爭議。在抗戰勝利後，國民政府主席蔣介石就已經發表了對日「以德報怨」的重要講話，闡明中國政府對日本的寬大政策，中國對於日本不採報復主義，日本國民應可在盟國所定範圍內，重建其經濟以獲得生活之保障〔註3〕。但縱觀今天中日關係的現狀：日本政府一次又一次拒絕民間戰爭受害者的對日索賠請求；在南京大屠殺、慰安婦、細菌戰、釣魚島、教科書、靖國神社等歷史問題上，日本政府屢次做出令中國人民心寒之舉；戰後日本右翼勢力死灰復燃；美日軍事同盟的加強；和平憲法的修改等等這些不正常現象使得我們有必要重新認識日本戰爭責任問題，重新考量造成這一切的原因。而戰後國民政府以及盟國的對日戰爭索賠問題，則是我們尋求造成當今中日關係現狀原因的一個突破點。

　　對於戰後國民政府的對日戰爭索賠問題，史學界進行了廣泛的研究，但主要集中在探討國民政府放棄對日戰爭賠償的原因，以及美國對日政策轉變的原因及其對國民政府的影響，部分學者還探討了日本在國民政府放棄對日戰爭賠償要求中的作用，以及蘇聯拆運我國東北機器設備的影響等一些相關的問題。對國民政府在日辦理戰爭賠償問題進行詳細考察，尤其是對其中的「先期拆遷賠償」進行全面考察的研究還比較薄弱。因此，筆者試圖通過對國民政府對日戰爭索賠歷史過程的全面梳理，尤其以其中的「先期拆遷賠償」

〔註3〕　臺灣中央研究院近代史研究所館藏外交部檔案，檔案號：076.2／0003；影像號：11－EAP－02250。

為中心展開討論，來探討造成當今中日關係現狀的歷史原因，並試圖為當今
的民間對日索賠提供借鑒。戰後國民政府僅僅將對日索賠作為一項經濟問題
進行處理，失去了通過對日索賠改善中日兩國關係的良好機遇；同時由於長
期遭受日本侵略之害，廣大民眾本能地從懲罰日本的角度出發來處理日本戰
爭賠償；加之戰後對日處理的實際權力掌握在美國手中，受戰後遠東國際形
勢的變化以及美國對日政策的調整等因素影響；以及日本從根本上就不承認
敗給中國，所有這一切造成了國民政府對日戰爭索賠期望與現實之間的巨大
落差，這是值得我們深刻反思的歷史教訓。

　　之所以選擇以「先期拆遷賠償」以中心，一方面是因為縱觀國民政府對
日戰爭索賠全過程，國民政府也只是通過「先期拆遷賠償」從日本拆回了三
批賠償物資，這是國民政府對日戰爭索賠的主要成果；另一方面是因為學界
現在對於「先期拆遷賠償」的研究並不深入。比如「先期拆遷賠償」物資是
如何選定的？如何運輸回國的？運回國內後是如何分配的？其使用效果如
何？對我國國民經濟的貢獻如何？為了獲得這些物資國民政府作了哪些努
力？負責處理對日戰爭索賠的賠償委員會的實際運作情況如何？為了運回這
些物資國民政府付出了多少運輸費用？這些問題促使我選擇以「先期拆遷賠
償」為切入點來考察整個國民政府的對日戰爭索賠問題。此外，「先期拆遷賠
償」是根據美國臨時指令實施的，同時也是遠東委員會各國相互妥協的結果，
考察「先期拆遷賠償」有利於分析美國的對日佔領政策轉變以及遠東委員會
的運作狀況。

　　戰後的對日索賠不僅僅是中國一國之事，作為曾經飽受日本侵略之害的
亞洲各國都有權利向日本政府提出戰爭賠償要求，因此對日索賠涉及戰後遠
東各國的利益。日本賠償問題的處理必須獲得對日作戰各盟國的一致同意，
日本賠償問題才能得以解決，另外日本政府對戰爭賠償問題的態度也在一定
程度上影響著對日索賠問題的解決。以上是戰後國民政府對日戰爭索償的國
際形勢，國民政府在制定對日戰爭索賠政策時必須考慮上述因素。最近幾年
來隨著民間對日索賠的開展，人們對於戰後國民政府的對日索賠進行了大量
的研究，但綜觀這些研究往往局限於宏觀層面，而從微觀角度具體探討國民
政府對日索賠的文章比較少。造成這一現象的原因，一方面與相關的檔案資
料沒有開放有關〔註4〕，另一方面由於對日索賠問題是中日關係中的敏感話

〔註 4〕目前有關日本賠償問題的檔案資料在大陸主要收藏於中國第二歷史檔案館，

題，受政治因素的影響較大。有鑒於此，筆者選擇了戰後國民政府對日戰爭索賠問題中的「先期拆遷賠償」為切入點，同時利用中國第二歷史檔案館館藏檔案、臺灣中央研究院近代史研究所館藏外交部檔案及相關資料，系統地從微觀角度盡可能全面地考察戰後國民政府的對日戰爭索賠問題。

　　最近日本首相安倍晉三就慰安婦問題發表談話，聲稱「沒有證據顯示日軍強徵『慰安婦』」〔註5〕，變相否認日本官方在1993年發表的「河野談話」的言論，引起了曾經遭受日本侵略的各國人們的強烈抗議。此外在民間對日索賠方面，日本又開始圖謀剝奪中國民間的對日索賠權。今年1月15日，日本最高法院第二小法庭向為中國勞工打官司的日本律師足立修一發出通知說，3月16日將就「西松組（現西松建設公司）中國勞工訴訟案」舉行法庭「辯論」。這是日本最高法院首次舉行與中國戰爭受害者索賠訴訟案有關的法庭「辯論」，焦點是中國戰爭受害者個人是否具有賠償請求權，也就是說中國是否具有國民個人的戰爭賠償請求權。而一旦判定放棄，則意味著中國民間對日訴訟在日本面臨封殺的結局。〔註6〕因此，日本最高法院作出的判決對中國民間戰爭索償訴訟產生重大影響。那麼歷史上國民政府的對日戰爭索賠到底進行如何？戰後的日本戰爭賠償問題又是如何處置的？國民政府有沒有放棄民間個人的對日索賠請求權？對日戰爭索賠有無國際法依據及國際慣例可循？所有這一切都使得我們有必要對戰後國民政府的對日戰爭賠償問題進行深入細緻的研究，以便對當今日本政府的荒唐言論給予有力回擊。

二、學術史回顧

　　對日索賠是為了清算日本侵華給中國人民造成的巨大損失，是中日兩國間不可迴避的話題。無論是戰後國民政府的對日戰爭索賠還是現在仍在進行

主要包括國民政府行政院、外交部、交通部、教育部、資源委員會、司法行政部、內政部等部門的相關資料，但這部分檔案資料還沒有開放，研究者只能從相關的資料集零星地接觸到其中一部分；在臺灣相關的檔案資料主要收藏於國史館，另外中央研究院近代史研究所也有一部分，主要集中在日賠會全宗中；此外日本及美國也有大量的相關資料，但由於語言因素的限制，目前學者對這部分資料的利用也比較有限，其中美國的相關檔案資料主要集中在 SWNCC 236 系列文件中。

〔註5〕　《「慰安婦」問題，安倍意欲何為》，《參考消息》，2007年3月8日，第10版。

〔註6〕　《民間對日訴訟面臨封殺？》，《南方周末》，2007年3月15日，第13版。

的對日民間索賠，對日索賠一直是人們關注的焦點。縱觀自 1995 年以來中國民間人士的對日索賠訴訟及其判決情況〔註 7〕，我們可以發現在這些訴訟中除了極少數獲勝外，絕大多數都被日本法院駁回，而日本法院駁回這些訴訟請求的理由主要有：「個人不得援用國際條約對加害國提出損害賠償的請求」、「國家無答責」、「訴訟超過時效」以及「國家間的條約已經放棄民間戰爭受害者個人的對日賠償要求」。這些所謂的理由已經成爲中國民間戰爭受害者對日索賠過程中重大的法律障礙，不僅關係到訴訟勝負成敗，更關係到國際正義能否得到伸張。其中所謂的「國家間的條約」指的主要是「舊金山和約」、「日華條約」以及《中日聯合聲明》，因此考察戰後國民政府對日戰爭索賠的全過程不僅有助於我們瞭解戰後對日戰爭索賠的進展狀況及其放棄索賠的原因，而且可以從中汲取對日索賠的經驗和教訓，從而爲今天的民間對日索賠提供借鑒。爲此學界對戰後的對日索賠問題進行了廣泛的研究。下面筆者試從中國學界、日本學界以及歐美學界三個角度對有關對日本賠償問題的學術史作一簡單的回顧。

　　到目前爲止，中國學界關於日本賠償問題的研究大致可以分爲兩個階段。前一個階段的研究主要集中於 20 世紀 80 年代中期之前，基本屬於一些政論性而非學術性的研究，相關的成果也主要集中在一些外交史及中日關係史的論著之中，但這些論著也只是對該問題稍加涉獵，並未做深入細緻的研究。而造成這一結果原因，一方面與意識形態有關，另一方面也與相關檔案資料的未開放及政治因素的影響有關。20 世紀 80 年代中期之後，隨著相關檔案的相繼開放以及政治環境的變化等因素的作用，有關日本賠償問題的研究開始走上學術性研究之路。

〔註 7〕　自 1995 年 6 月起中國民間對日索賠訴訟案件有：鹿島花岡強擄、奴役中國勞工訴訟；南京大屠殺、731 部隊、無差別轟炸損害賠償訴訟；從軍「慰安婦」損害賠償（山西省第一批）訴訟；從軍「慰安婦」（山西省第二批）訴訟；劉連仁訴訟；平頂山大屠殺事件訴訟；日軍遺棄毒氣彈受害者（第一批）訴訟；731 部隊細菌戰受害者訴訟；強擄、奴役勞工東京第二次訴訟；日軍遺棄毒氣彈受害者（第二批）訴訟；強擄、奴役勞工；西松建設強擄、奴役勞工訴訟；京都（大江山）強擄、奴役勞工訴訟；山西省性暴力受害者訴訟（原告 10 人）；新潟強擄、奴役勞工訴訟；北海道強擄、奴役勞工訴訟；李秀英名譽損害訴訟案；福岡強擄、奴役勞工訴訟；新潟強擄、奴役勞工（第二批）訴訟；海南島「慰安婦」訴訟；群馬強擄、奴役勞工訴訟；福岡強擄。奴役第二批訴訟；強擄、奴役勞工原子彈爆炸受害訴訟；香港軍票案、臺灣「慰安婦」訴訟等 28 起。

在戰後初期，中國關於日本戰爭賠償問題的論述主要散見於一些報刊和雜誌之中。比如《申報》、《大公報》、《中央日報》、《民國日報》以及《新華日報》中都有一些相關的評論性文章。在雜誌方面，改造社出版發行的《亞洲世紀》刊載了大量有關戰後日本戰爭賠償的文章，並且對戰後日本的國內形勢做了大量報導，是研究日本賠償問題的重要資料。同時儲安平的《觀察》、《世紀評論》、《世界月刊》、《東方雜誌》也刊有少量關於日本戰爭賠償問題的政論性文章。另外亞洲世紀社編的《對日和約問題》（亞洲世紀出版社 1947年版）、行政院新聞局於 1948 年 3 月編的《日本賠償》（1948 年 3 月第 1 版）、H・艾杜斯著，林秀譯的《對日和約問題》（上海時代書報出版社 1948 年版）、克萊諾夫著，青山譯的《對日和約問題》（大連光華書店 1948 年版）、中華學藝社編譯的《日本研究資料》（上海大成出版公司 1947 年版）、中國陸軍總司令部編的《處理日本投降文件彙編》（出版社不祥 1945 年 10 月 1 日版）、國防部第二廳編印的《聯合國管制日本方案》（1946 年 12 月 31 日版）、阿明德的《如何處置戰敗的日本》、伍啓元的《中國工業建設之資本與人才問題》（商務印書館 1946 年版）以及思慕的《戰後日本問題》（士林書店 1948 年版）都對戰後日本賠償問題進行詳細的論述。而中華民國駐日代表團日本賠償及歸還物資接收委員會於 1949 年 9 月編寫的《在日辦理賠償歸還工作綜述》（沈雲龍主編：《近代中國史料叢刊續編》710 輯，臺北：臺灣文海出版有限公司印行 1980 年版）則是建國前有關日本賠償問題的權威著述。

50 年代初，中國大陸出版了多部有關反對美國佔領日本與單獨對日媾和的小冊子和論文集。小冊子有《反對單獨對日媾和》等，相關的論文有梅汝璈的《對日講和條約問題》、鄭錦棠的《論對日和約》、張廷錚的《日本對東南亞的經濟擴張》等。這時期中國學界對日本戰爭賠償問題的論述主要採用政論的形式，在批判美帝國主義單獨媾和、反對日本軍國主義復活的主題下談及戰爭賠償問題，顯得批判色彩濃烈而學術性不強。另外大陸地區還出版了一些與對日和約問題相關的資料集，如《對日和約問題史料》、《日本問題文件彙編》等。與大陸學界和輿論界在該問題上反美的立場針鋒相對的是，中國臺灣的同行則在有關對日和約、日本戰爭賠償等問題上堅決支持美國，反共反蘇，如臺灣革命實踐研究院圖書資料室編的關於日本戰爭賠償問題的剪報資料等。但是可以斷言的是這些論述毫無學術性可言，只是政治言傳的工具。〔註8〕

〔註 8〕 參見東北師範大學張民軍博士 2003 年的博士論文《日本戰爭賠償研究》。

大陸在 60、70 年代幾乎沒有發表專門論述日本戰爭賠償的論著。曾擔任國民政府駐日代表團首席代表的吳半農在 1980 年發表的《有關日本賠償歸還工作的一些史實》〔註 9〕成爲這一階段對此問題所作的最詳細論述。臺灣方面在 60 年代之後陸續出版了中華民國外交問題研究會編的《中日外交史料叢編》〔註 10〕、秦孝儀主編的《中華民國重要史料初編》（中國國民黨中央委員會黨史委員會編印 1981 年版）及李毓澍、林明德主編的《中國近代史資料彙編 中日關係史料》（中央研究院近代史研究所 1974～2000 年版）三套外交史料，這些史料集成爲日後研究的基礎。而臺灣文化大學的余河青在 1969 年所作的碩士論文《中日和平條約研究》及稍後出版的同名專著，則是這個時期關於日本賠償問題研究的代表作。

80 年代，日本國內右翼勢力的擡頭及其否定侵略罪行的言行引起世人對日本戰後處理和戰爭責任問題的深思，國際社會特別是東南亞和韓國開始重新審視日本的戰爭賠償問題，要求給予受害國公民損害賠償的呼聲日益高漲，對日索賠的訴訟案件也日益增多。中國民間要求日本給予損害賠償的呼聲和對日索賠的行動也從無到有，並在 1992 年上昇爲全國人大和政協代表的提案。於是中國學界對日本戰爭賠償問題的學術性研究也正式展開，並在 1995 年（即抗日戰爭勝利 50 週年）達到高峰。

到目前爲止就筆者所知國內有關對日索賠的專著主要有以下幾本：孟國祥、喻德文的《中國抗戰損失與戰後索賠始末》（安徽人民出版社 1995 年 2 月第 1 版），這是國內比較早的探討我國抗戰損失並對戰後國民政府的對日索賠進行研究的專著，該書在追述我國抗戰損失的基礎上探討了國民政府對日索賠的準備、推進、終止及放棄全過程，並且涉及了中日邦交正常化的實現以及中華人民共和國放棄戰爭賠償問題，爲我們展現了戰後對日索賠的大致輪廓；高平、唐芸、陽雨編的《血債：對日索賠紀實》（國際文化出版公司 1997 年 5 月第 1 版），這是一本帶有紀實性質的著作，全書探討了國民政府對日索賠的內幕、中國政府放棄索賠的過程同時對歐亞索賠進行了比較研究；袁成

〔註 9〕　吳半農：《有關日本賠償歸還工作的一些史實》，《文史資料選輯》第七十二輯，中國人民政治協商會議全國委員會文史資料研究委員會編，中華書局 1980 年出版。

〔註 10〕　《中日外交史料叢編》共九冊，其中有關日本賠償問題的爲《日本投降與我國對日態度及對俄交涉》（七）、《金山和約與中日和約的關係》（八）、《中華民國對日和約》（九）三冊，該套史料在 1995 年 8 月進行了再版。

毅的《中日間的戰爭賠償問題》（陝西人民出版社 1999 年第 1 版），這是在作者畢業論文的基礎上整理出版的一部有關對日索賠的專著，在書中作者對中日兩國間的戰爭賠償問題作了全面的梳理，從琉球事件、甲午戰爭賠償、庚子賠款到二戰後國民政府的對日索賠以及中華人民共和國放棄對日索賠都作了詳細分析；李正堂的《中國人關注的話題：戰爭索賠》（新華出版社 1999年 8 月第 1 版）、《為什麼日本不認帳：日本國戰爭賠償備忘錄》（時事出版社1997 年 7 月第 1 版）、《死靈魂在吶喊：戰後全球索賠潮》（解放軍文藝出版社1995 年版）是三本帶有文學紀實性質的著作，在這三本書中作者不但討論了中日間的戰爭賠償問題，而且將中日間的戰爭賠償問題與德國的戰爭賠償問題進行了比較；管建強的《公平、正義、尊嚴──中國民間戰爭受害者對日索償的法律基礎》，（上海人民出版社 2006 年 7 月第 1 版）則是近年來從國際法角度探討中日戰爭賠償問題的一部力作，作者在書中詳細論述了中國民間戰爭受害者對日索賠的法律依據，同時對日本法院駁回民間戰爭受害者對日索賠的所謂「法理」進行了一一駁斥；周洪鈞、管建強、王勇的：《對日民間索償的法律與實務》，（時事出版社 2005 年 1 月第 1 版）則是在詳細分析當今對日民間索償的現狀的基礎上，就有關對日民間索償的相關法律問題進行了詳細的論述；此外李恩民的《中日民間經濟外交（1945～1972）》，（人民出版社 1997 年 7 月第 1 版），徐思偉的《吉田茂外交思想研究》（世界知識出版社2001 年 6 月第 1 版），於群的《美國對日政策研究（1945～1972）》（東北師範大學出版社 1996 年第 1 版），吳廣義的《日本侵華戰爭遺留問題》（崑崙出版社 2005 年 8 月第 1 版），俞辛焞的《近代日本外交研究》（天津古籍出版社 2006年 5 月第 1 版），張聲振、高書全、馮瑞雲等的《中日關係史》（下冊）（社會科學文獻出版社 2006 年第 1 版），崔丕的《美國的冷戰戰略與巴黎統籌委員會、中國委員會（1945～1994）》（中華書局 2005 年 10 月第 1 版），林代昭的《戰後中日關係史 1945～1992》（北京大學出版社 1992 年版）等著作都對戰後日本的戰爭賠償問題作了相應的闡述，是我們瞭解日本戰爭賠償問題的重要資料。另外李玉、夏應元、湯重南主編的《中國的中日關係史研究》（世界知識出版社 2000 年 12 月第 1 版）則對我國國內學者有關中日關係研究作了詳細的介紹。

　　在論文方面，近年來有關日本賠償問題的文章越來越多，據筆者初步統計近十年來，有關這一問題的文章就達 200 餘篇。鑒於相關研究太多，在此

筆者不能一一列舉，下面筆者試從研究視角及史料運用方面對近十年來的相關論文研究的狀況作一簡單的介紹。

目前國內學術界有關日本戰爭賠償問題的研究，大致可以分為五個視角，也可以說主要集中在五個方面。第一種研究視角是關於我國抗戰損失調查及抗戰損失調查與對日戰爭索賠關係的研究。抗戰損失調查是戰後對日戰爭索賠的依據，因此對於抗戰損失調查的研究就顯得尤為重要，另外一方面抗戰損失調查的研究也有助於更好地回擊日本右翼勢力對侵略戰爭的否認。早在抗戰過程中國民政府就已經設立抗戰損失調查機構進行抗戰損失的調查工作，此時比較重要的研究成果是韓啓桐的《我國對日戰事損失之估計》，但由於韓啓桐估計抗戰損失的時間，始自 1937 年 7 月 7 日，截止 1943 年 7 月 6 日，前後共六年，當時抗戰尚在進行之中，所以並不能算是抗戰損失的全面統計。此外因為該書估計抗戰損失係自七七事變算起，所以九一八事變後東北淪陷後的損失也沒有計入。此後有關抗戰損失調查研究的重要成果是遲景德的《中國對日抗戰損失調查史述》（國史館印行，1987 年 3 月第 1 版）一書；另外張憲文主編的《南京大屠殺史料集》第 15 至 22 冊收錄了國民政府抗戰損失調查委員會以及賠償委員會的大量調查統計，是研究我國抗戰損失的重要史料；在論文方面主要有：劉立峰的《抗日戰爭中國損失調查述略》（《集美大學學報》2005 年第 3 期），孟國祥的《中國抗戰損失研究的回顧與思考》（《抗日戰爭研究》2006 年第 4 期），陳榮華的《山西省抗戰損失述略》（《江西社會科學》2002 年第 11 期），黃菊豔的《抗日戰爭時期廣東損失調查述略》（《抗日戰爭研究》2001 年第 1 期），劉國武的《抗戰時期衡陽直接損失述要》（《衡陽師範學院學報》2004 年第 4 期），劉國武的《抗戰時期湖南直接損失述要》（《湖南師範大學社會科學學報》2005 年第 3 期），袁成毅的《抗戰時期浙江平民傷亡問題初探》（《民國檔案》2004 年第 1 期），戴雄的《抗戰時期中國文物損失概況》（《民國檔案》2003 年第 2 期），袁成毅的《抗戰時期中國最低限度傷亡人數考察》（《杭州師範學院學報》1999 年第 4 期）和唐凌的《關於抗戰期間廣西礦業損失的調查》（《歷史檔案》1999 年第 4 期）。

第二種研究視角是關於美國對日政策與日本戰爭賠償的關係，主要探討了戰後美國遠東政策的轉變與日本戰爭賠償的關係以及美國對日政策轉變對國民政府最終放棄對日戰爭索賠的影響。這種研究視角主要是以美國戰後對日政策尤其是對日賠償政策的演變為主線，將日本戰爭賠償問題置於美國的

全球戰略中進行考察，將對日本戰爭賠償的研究轉爲對美國外交政策史的研究。以這一視角研究日本戰爭賠償問題的文章主要有：翁有利的《美國與國民政府對日索賠問題淺議》，《松遼學刊》2000 年第 3 期；崔丕的《美國關於日本戰爭賠償政策的演變》，《歷史研究》1995 年第 4 期；戴超武的《美國的政策與戰後日本戰爭賠償問題》，《蘭州學刊》1994 年 6 期；張克福的《美國對戰後日本戰爭賠償政策的影響及其後果》，《新鄉師範高等專科學校學報》2000 年第 3 期；陳耀華的《美國關於戰後日本戰爭賠償政策的演變及其影響》，《玉林師範學院學報》2002 年第 1 期；趙文亮的《美國遠東政策與日本的戰爭賠償》，《鄭州大學學報》2000 年第 4 期；陳從陽的《美國遠東政策之嬗變與日本的戰爭賠償》，《咸陽師專學報》1997 年第 4 期；胡德坤、徐建華的《美國與日本戰爭賠償方式的演變》，《武漢大學學報》2002 年第 4 期。

第三種研究視角是從國民政府的角度出發，著重探討國民政府對日戰爭索賠的全過程及國民政府最終放棄對日戰爭索賠要求的原因。這是有關日本戰爭賠償問題研究最常見的視角，相關的研究成果也比較豐富。但綜觀這些研究成果，其結論和論述過程基本一致，各文章間的差別不是很大，其對國民政府對日戰爭索賠政策及賠償實踐的考察也基本一致，唯一的分歧在於對國民政府及其後的臺灣當局放棄對日戰爭索賠要求的評價。也有一些學者對新中國的對日賠償政策加以涉獵，但基本是將其放在 1972 年中日恢復邦交的談判過程中進行考察，有關賠償問題的論述也十分簡略。從這一視角進行研究的有代表性的文章主要有以下幾篇：翁有利的《國民政府與日本戰爭賠償問題》（《東北師大學報》1996 年第 4 期）、歐陽雪梅的《關於抗戰勝利後國民政府對日索賠問題》（《湘潭大學學報》1995 年第 4 期）、羅平漢的《中國從對日索賠到放棄賠款要求探微》（《廣西師範大學學報》1999 年第 4 期）、張維縝的《戰後初期資源委員會與對日索賠》（《文史哲》2003 年第 3 期）。

第四種研究視角是從日本政府對戰爭賠償的態度角度出發進行的研究，主要探討日本政府爲減輕賠償所作「努力」，以及舊金山和約簽訂後日本政府對東南亞各國所展開的所謂「賠償外交」。這一視角主要將對日本戰爭賠償集中在日本政府方面，通過對日本政府對戰爭賠償態度的分析來探討當今日本政府否認戰爭賠償的淵源。從這一視角來分析日本戰爭賠償問題時還交涉到另外一個問題就是日本的戰爭責任問題，應該說這是研究日本戰爭賠償問題的一個全新視角。由於從這一視角來研究日本賠償問題對於語言的要求比較

高，需要掌握大量一手的日文資料，因此相關的文章並不是很多，主要有以下幾篇：崔丕的《日本的媾和對策研究》（《東北師大學報》1995 年第 4 期）、高興祖的《戰後日本對東南亞國家的戰爭賠償》（《南京社會科學》1996 年第 2 期）、陳從陽的《「經濟外交」與 50 年代日本對東南亞的戰爭賠償》（《咸寧師專學報》1995 年第 4 期）、王哲、申曉若的《二戰後戰爭賠償與日本反省戰爭的態度》（《長白學刊》1996 年第 6 期）、臧佩紅的《日本對東南亞的「賠償外交」》〔註11〕及張光的《戰後日本的戰爭賠償與經濟外交》（《南開學報》1994 年第 6 期）。

第五種研究視角是對日本戰爭賠償問題所做的比較研究，主要方法是將德國和日本的戰爭賠償放在戰爭責任中加以研究，通過比較德國和日本對戰爭責任的認識態度和處理方式的差異，以揭示日本對受害國的戰爭賠償和損害賠償的不足，其代表性的論文有：姜維久的《日本與德國戰後國家賠償及個人受害賠償比較研究》（《抗日戰爭研究》1995 年第 3 期）、姜維久的《日本與德國戰後賠償比較研究》（《世界經濟與政治》1995 年第 9 期）、石涵月，蕭花的《德日對二戰反省的差異及其原因》（《湖南師範大學社會科學學報》2006 年第 1 期）而袁成毅的《日本對亞洲國家戰爭賠償立場之比較——以國家間的賠償為中心》（《抗日戰爭研究》2002 年第 3 期）則將日本對中國及對東南亞國家的賠償作了比較。

當然除了上述五種主要研究視角外，還有從國際法及其他角度論述該問題的，另外在民間對日索賠方面，近年來的研究成果頗豐。因為本文主要探討國民政府對日本的戰爭索賠，因此關於民間對日索賠部分本文在此暫不予討論。關於對日索賠的研究《抗日戰爭研究》雜誌近年來專門開闢了日本戰爭遺留問題專欄，其中有關於民間對日索賠的部分。此外由蘇智良、榮維木、陳麗菲主編的論文集《日本侵華戰爭遺留問題和賠償問題》（商務印書館 2005 年 11 月第 1 版）收錄了近年來關於這一問題研究的大量有代表性的文章。

在日本方面有關日本戰爭賠償的專著主要有：〔日〕內田雅敏的《戰後補償的思考》（學苑出版社 1999 年版），〔日〕信夫清三郎編，天津社會科學院日本問題研究所譯的《日本外交史》（下冊）（商務印書館 1980 年第 1 版），〔日〕吉川洋子的《日本菲律賓賠償外交交涉研究》（勁草書屋 1991 年版），殷燕軍

〔註11〕米慶餘主編：《日本百年外交論》，中國社會科學出版社 1998 年版。

的《中日戰爭賠償問題》〔註12〕（御茶水書房 1996 年版），〔日〕岡野鑒記的《日本賠償論》（東洋經濟新報社出版 1958 年版），〔日〕外務省賠償部監修、賠償問題研究會編的《日本の賠償》（世界社ジャーナル 1963 年版），原朗的《總論・賠償・終戰處理》（日本大藏省財政史室編：《昭和財政史》第一卷，東洋經濟新報社 1981 年版）以及秦郁彦的《美國對日戰爭政策》（日本大藏省財政史室編：《昭和財政史》第三卷，東洋經濟新報社 1976 年版）。以上日本方面有關日本戰爭賠償的專著主要從終戰處理、戰爭責任、日本戰後經濟等方面探討了美國戰後對日政策的轉變及日本的積極應變與日本戰爭賠償的關係，日本戰爭責任問題與戰爭賠償的關係以及戰爭賠償對日本經濟的影響。有關日本學界的相關著作可以參見殷燕軍的《中日戰爭賠償問題》一書的附錄「日本賠償參考文獻」部分。近年來隨著日本國內相關檔案的解密，有關日本戰爭賠償問題的研究取得長足的進展。1993 年 4 月日本著名的進步史學家、法學家、文學家及有關方面專家發起成立了民間研究機構──「日本戰爭責任資料中心」並且創辦了《戰爭責任研究》（季刊）雜誌，該機構的成立進一步推動日本戰爭賠償的研究。〔註13〕

就歐美學界對日本戰爭賠償問題的研究而言，由於筆者外語水平的限制及資料查閱的困難，只能就筆者目前所知部分作一簡單介紹。日本戰爭賠償問題是戰後中日間戰爭遺留問題的一個重要組成部分，日本政府在對待該問題上的強硬態度，在戰後引起了曾經飽受日本侵略各國人民的強烈不滿，因此這一問題也成為學者們研究的重點。就筆者所知歐美學者對這一問題研究的代表作主要有：Takushi Ohno 的《戰爭賠償與和平解決菲──日關係 1945～1956》〔註14〕、Rajendra Kumar Jain 的《中國和日本 1949～1976》〔註15〕和 Evert Joost Lewe van Aduard 的《日本從投降到和平》〔註16〕，在論文方面經常被國內學界所引用的是布魯斯・M・布萊恩的《美國對日賠償政策，1945年 9 月到 1949 年 5 月》。另外值得關注的是旅居美國和加拿大的華人組織了

〔註12〕 該書著者殷燕軍雖為中國人，但全書系以日文書寫並在日本出版，所以將其歸入日本學界的論著。

〔註13〕 參見宋志勇的《日本戰爭責任資料中心與《戰爭責任研究》》，《抗日戰爭研究》1995 年第 4 期。

〔註14〕 Takushi Ohno. War Reparations and Peace Settlement Philippines-Japan Relations 1945～1956 Solidaridad Publishing. House. Manila Philippines. 1986.

〔註15〕 Rajendra Kumar Jain. China and Japan, 1949～1976. Radiant Publishers. 1977.

〔註16〕 Evert Joost Lewe van Aduard. Japan: From Surrender to Peace. Praeger. 1954.

諸多的團體，並辦有自己的網站，諸如「維護世界抗日戰爭史實維護聯合會」
〔註17〕、「加拿大卑詩抗日戰爭史實維護會」〔註18〕等，還辦有刊物諸如日本
侵華研究會編輯的《日本侵華研究》（1990年發行）等，在這些刊物和網站上
經常刊登有關日本戰爭賠償問題的論著。此外一些華裔學者的研究成果也值
得關注，如美籍學者吳天威的《中日戰爭的遺留問題有待解決》〔註19〕一文
就很有見地。

　　但綜觀上述研究成果，對國民政府對日戰爭索賠進行微觀研究的論著不
是很多，尤其是對其中的「先期拆遷賠償」進行詳細研究的更少，有鑒於此，
本文試對此作一努力。

三、文章結構及研究方法

　　本文主要集中探討國民政府對日本的戰爭索賠問題，並且以其中的「先
期拆遷賠償」爲中心進行考察，其時間段主要集中在1945年抗戰勝利後至1952
年日臺條約簽訂後臺灣當局放棄對日戰爭索賠要求爲止。對於1972年中日建
交中的日本戰爭賠償問題談判以及當今的民間對日索賠部分則予以簡略。當
然國民政府最終放棄對日戰爭索賠要求對後來的中日關係產生相當大的影
響，對此本文試在結語部分予以討論。大致而言，本文主要分爲五章，下面
筆者就各章節的具體內容作一介紹。

　　第一章爲國民政府對日戰爭索賠的準備，主要探討國民政府爲了實現戰
後的對日戰爭索賠所做的準備工作。國民政府爲了實現對日戰爭索賠所做的
工作主要包括兩個方面，一是進行抗戰損失的調查，該項工作早在抗日戰爭
過程中就已經展開，另外一項工作是醞釀及制定戰後對日戰爭索賠的具體方
針和政策，該項工作主要是在抗戰勝利後進行的。因此該章主要包括兩節內
容，分別是：（1）國民政府的抗戰損失調查及調查機構設置沿革（2）國民政
府對日戰爭索賠政策的醞釀和提出。

　　第二章爲戰後盟國對日戰爭索賠的準備，主要探討戰後盟國對日賠償政
策的制定及其實施過程。戰後日本的戰爭賠償問題是戰後盟國處置日本問題
中的重要內容，日本的戰爭賠償問題不僅僅是中日兩國間的問題，而且關係

〔註17〕 http://www.gainfo.org
〔註18〕 http://www.ahm.hc.ca
〔註19〕 《抗日戰爭研究》1998年第4期。

到曾經參與對日作戰各盟國的利益。因此在對日戰爭索賠問題上，各盟國需要採取一致行動，國民政府要實現對日戰爭索賠也必須取得各盟國的理解和支持，尤其是戰後單獨佔領日本的美國的支持。基於以上考慮，本章主要論述以下兩個方面的內容，一是戰後對日戰爭索賠工作機構的沿革與概況，主要包括盟國、國民政府、以及日本負責處理戰爭賠償工作的機構及其沿革情況；另一內容是探討戰後盟國對日賠償政策的制定及其實施過程。

第三章爲賠償局勢之演進及「先期拆遷賠償」方案的出臺，主要論述遠東委員會成立後，日本戰爭賠償局勢的最初發展情況，及「先期拆遷賠償」方案出臺的全過程。在遠東委員會成立的同時美國政府派遣鮑萊作爲賠償專使赴日調查日本經濟實況，以爲其制定對日政策提供依據，鮑萊在經過調查之後先後發表了「臨時報告」和「最終報告」，其中「臨時報告」成爲美國政府制定戰後初期日本賠償政策的依據。但由於遠東委員會各國在日本平時經濟水準、戰利品以及各國分配日本賠償物資比例等問題上爭論不休，致使日本戰爭賠償問題長期處於論而不決的狀態之下，賠償問題被一拖再拖。有鑒於此，美國政府提出了臨時賠償方案，獲得遠東委員會通過，隨後遠東委員會陸續通過了臨時賠償方案，此後美國政府又以頒發臨時指令的形式將臨時賠償方案中的30%給予先行拆遷賠償，分配予中、英、荷、菲四國，是爲「先期拆遷賠償」。因此本章主要分爲以下三節內容，分別是：（1）賠償局勢的最初發展（2）遠東委員會各盟國的分歧及臨時賠償方案的提出（3）「先期拆遷賠償」方案的出臺。

第四章爲「先期拆遷賠償」的實施及其夭折，主要論述「先期拆遷賠償」方案出臺後的具體實施及其最終夭折的全過程。這一章主要包括四節內容，是全文論述的重點部分。第一節主要論述盟國及國民政府爲了順利實施「先期拆遷賠償」方案所做的的準備工作，主要包括供賠工廠的選擇、編目、估價、記賬、參觀、申請、分配以及運輸等工作。第二節主要探討「先期拆遷賠償」的具體實施情況。第三節主要論述國民政府從日本所獲得的賠償物資在運回國內後的分配及使用情況。第四節主要探討美國對日賠償政策的轉變過程，以及美國政府最終停止「先期拆遷賠償」從而導致「先期拆遷賠償」的夭折，並對「先期拆遷賠償」夭折原因作一簡單的分析。

第五章爲對日戰爭索賠的終止及臺灣當局完全放棄對日索賠，在「先期拆遷賠償」夭折之後，美國政府已經開始考慮完全放棄對日本的戰爭索賠，轉而復興日本的經濟。此後在美國政府的主導下，各盟國於1951年在美國舊

金山召開了對日和會，與日本簽訂了和平條約，放棄了對日本的戰爭索賠。由於美國的阻擾舊金山會議沒有邀請新中國和臺灣當局參加，此後在美國的指使下日本吉田茂政府選擇了臺灣當局作爲中國的代表，並與其進行了所謂的雙邊和談，最終於 1952 年在舊金山和約生效前簽訂了日臺條約，臺灣當局完全放棄了對日本的戰爭賠償要求。基於以上考慮，本章主要分爲兩節內容，分別爲：（1）《舊金山和約》的簽訂及盟國放棄對日戰爭索賠（2）日臺條約的簽訂及臺灣當局完全放棄對日索賠。

　　本文主要利用中國第二歷史檔案館館藏檔案、臺灣中央研究院近代史研究所館藏國民政府外交部檔案、相關報刊雜誌資料、有關歷史人物的回憶錄和日記、臺灣及大陸公開出版的資料彙編、已有專著展開全文的論述，並試圖弄清楚以下幾個問題：第一，國民政府爲實現對日戰爭索賠做了哪些準備和努力？第二，人類歷史上關於戰爭賠償理念的演變及其日本戰爭賠償的影響？第三，國民政府從日本到底運回了多少賠償物資，這些物資的最終分配及使用情況如何？第四，臺灣當局是在什麼情況下放棄對日戰爭索賠要求的，其對以後的中日關係，尤其是今天的民間對日索賠產生了什麼樣的影響？第五，日本政府是怎樣逃避賠償的，其對戰爭賠償的態度如何，造成今天日本政府否認戰爭賠償的原因是什麼？因此在研究方法上，本文選取了「先期拆遷賠償」作爲考察國民政府對日戰爭索賠的切入點，通過對「先期拆遷賠償」出臺、實施及其夭折全過程的考察，來分析國民政府的對日戰爭索賠問題。另外本文採取歷史學、社會學及經濟學的研究方法來對國民政府的對日戰爭索賠問題展開研究，在進行史實敘述的基礎上，採用了表格及圖表的形式進行論述，力圖全方位、立體地考察國民政府的對日戰爭索賠過程。

四、相關問題說明

1. 戰爭賠償概念的歷史演變

　　本文主要探討的是國民政府對日本的戰爭索賠，主要集中在以政府爲主導的戰爭賠償方面，而非民間的對日個人受害索償，從另外一個角度來說，人們關於戰爭賠償理念的演變也直接影響了戰爭賠償的方式和內容，因此在進行全文的論述之前，首先有必要對戰爭賠償概念的歷史演變作一交代。

　　自從人類誕生以來，戰爭就一直伴隨著人類的誕生而產生，雖然引起戰爭的原因可能多種多樣，因此戰爭是一個古老的話題。對於戰爭的概念，不

同的學者對其往往有著不同的界定。在克勞塞維茨看來：「戰爭是迫使敵人服從我們意志的一種暴力行爲」「戰爭屬於社會生活的領域，戰爭是一種巨大的利害關係的衝突，這種衝突是用流血的方式進行的，它與其他衝突不同之處也正在於此。」〔註20〕而讓・雅克・盧梭在其名著《社會契約論》中則認爲：「戰爭絕不是人與人的一種關係，而是國與國的一種關係，在戰爭之中，個人與個人絕不是以人的資格，而是以公民的，才偶然成爲仇敵的；他們絕不是作爲國家的成員，而只是作爲國家的保衛者。」〔註21〕另外毛澤東認爲戰爭是「從有私有財產和有階級以來就開始了的，用以解決階級和階級，民族和民族。國家和國家，政治集團和政治集團之間，在一定發展階段上的矛盾的一種最高的鬥爭形式。」〔註22〕從上述學者對於戰爭概念的界定中，我們可以發現戰爭基本上具有以下幾個主要特徵：（1）主要是指國家之間的武裝衝突；（2）實際武裝衝突的存在；（3）有明確的戰爭意圖；（4）戰爭是一種法律狀態。正是因爲戰爭具有巨大的破壞性，因此伴隨戰爭而來的另外一個話題就是關於戰爭的賠償問題。

　　具體來說任何戰爭都會給交戰雙方帶來巨大損失，因此戰爭賠償是一個古老的話題。在古代，戰爭賠償作爲戰勝國對戰敗國戰後處理的一種方式，與殺戮戰俘、毀壞城市、掠奪財物、割讓土地等處理方式相伴而生，即所謂割地賠款，但實際上賠償也不限於金錢，還包括各種實物。比如 1648 年的《威斯特伐利亞和約》即引入了金錢賠償（Monetary indemnities）的概念。此後的普法戰爭後又引入了現金賠償（Cash Reparation）的概念，它要求戰敗國用金、銀、外匯清償〔註23〕。因此在 18 世紀之前，戰敗國賠償戰勝國的損失主要是戰爭賠償，此時的戰爭賠償概念主要是指：戰敗國由於戰爭原因，根據和約規定付給戰勝國一筆款項，以賠償因戰爭而給戰勝國造成的直接損失。〔註24〕

〔註20〕克勞塞維茨著：《戰爭論》第 1 卷，軍事科學出版社 1964 年版，第 26、179 頁。

〔註21〕叢文胜著：《戰爭法原理與實用》，軍事科學出版社 2003 年 9 月第 1 版，第 8 頁。

〔註22〕《毛澤東選集》第 1 卷，人民出版社 1991 年第 2 版，第 171 頁。

〔註23〕1871 年 5 月 10 日，德法簽訂了《法蘭克福和約》，其中第七條規定：「法國政府應於還都巴黎城重建統治權後三十日內先繳付賠款五億（法郎）。本年以內再繳付十億，1872 年 5 月 1 日以前再繳付五億。其餘三十億應按預備和約之規定於 1874 年 3 月 2 日以前付清。……」參見蔣湘澤主編：《世界通史資料選輯》近代部分上冊，商務印書館 1964 年版，第 330 頁。

〔註24〕海軍軍事學術研究所：《海上軍事行動法手冊》，海潮出版社，第 265 頁。

到了 19 世紀下半葉，戰爭賠償的數額主要取決於戰勝國的自由意志，多少帶有任意性的傾向，並且戰爭賠償具有懲罰性，賠償額往往大於實際損害的額度，而且賠償的對象主要限定於國家，個人在戰爭中遭受的損害很少能獲得補償。也就是說普法戰爭之前，所謂賠償，則專指戰敗國對戰勝國之戰費賠償。〔註 25〕此時的戰爭賠償主要限於國家間的戰爭賠償，民間個人受害賠償的概念還沒有出現。

這種依靠強權索取戰爭賠款的傳統做法直到 20 世紀第一次世界大戰結束後締結的《凡爾賽和約》中才得以改變。以《凡爾賽和約》為主的一系列和約，規定了德國及其同盟國賠償協約國因戰爭所受的一切損失。依據《凡爾賽對德和約》第 231 條規定：「協約國及參戰各國政府及其國民，因德國及其各盟國之侵略，以致釀成戰爭的後果，所受一切損失與損害，德國承認由德國及其各盟國負擔責任。」〔註 26〕而賠償範圍則限定在侵略直接造成的戰爭損失之內，賠償總數「由協約國委員會決定之。」從該條約的內容我們可以發現，該條約所規定的戰爭賠償條款排除了任何戰爭費用的償還或對戰敗國處以任何懲罰性賠款，但規定德國應對交戰期間由於德國及其同盟國的陸海空進攻，而加之於協約國普通人民的一切損害承擔賠償義務，並且將這種損害項目列舉了以下 10 項：（1）由於陸上、海上、空中的攻擊和軍事行動等戰爭行為，致使平民及其負責贍養者的傷害和死亡所受之損害；（2）由於殘暴、侵害和虐待行為，而使所有被害之平民及其負責贍養者所受之損害；（3）對於衛生上或對於榮譽上所有被害之平民及其負責贍養者所受之損害（4）戰俘因被虐待所受之損害；（5）由於戰爭被害，不論廢殘、受傷、患病、或殘廢之軍人及其負責贍養者的撫恤金；（6）協約國政府對戰俘及其家屬或被扶養者之救助費用；（7）協約國政府對被動員或隨軍服務者家屬及其扶養者的供給金；（8）被強迫勞動而無公正報酬而使平民所受之損害；（9）協約國或其人民之一切財產因被奪、被劫、被砸壞所受之損害，以及作為敵對行為或軍事行動的直接結果而遭受的損害；（10）對平民徵收與罰款或其他類似之勒索形式所受之損害。〔註 27〕在這裡協約國對德國戰爭賠償的意義發生了變化，

〔註25〕〔日〕石井照久著，南風岑譯：《賠償問題之動向》（中譯本），中國第二歷史案館館藏檔案，全宗號：28（2）；案卷號：886。

〔註26〕《國際條約集》（1917～1923），世界知識出版社 1961 年版，第 158 頁。

〔註27〕〔英〕勞特派特修訂，王鐵崖、陳体強譯：《奧本海國際法》下卷第二分冊，商務印書館 1981 年版，第 102 頁。

除了傳統意義上償還戰勝國的款項外，還包括因戰爭直接使參戰國平民及其財產受到損失的賠償，也就是說開始考慮對民間戰爭受害者給予賠償。另外，協約國在德國的戰後處理中基本放棄了 Indemnities，而改用 Reparations 作為賠償的概念。

另外在國際法方面，鑒於戰爭給人類所造成的巨大災難，人們開始考慮對於戰爭行為給予限制，而這種限制戰爭行為的法規也成為現代國際法的起源。具體來講人們限制戰爭的戰爭法規大致可以分為兩類：一類是以歷次海牙會議所締結的海牙公約為主，也包括 1856 年《巴黎海戰宣言》、1868 年《聖彼得堡宣言》、1925 年《日內瓦議定書》等關於戰爭中作戰手段和方法的條約和慣例，即「海牙規則體系」；另一類是以歷次日內瓦會議所締結的日內瓦公約為主的關於保護戰爭受難者的條約體系，即「日內瓦規則體系」，又稱狹義的「國際人道主義法」。〔註28〕

在第一次世界大戰結束後，有關戰爭賠償的概念也開始發生了變化，從戰後簽署的《巴黎和約》中，我們可以發現，戰敗國除了對戰勝國做出傳統意義上的戰爭賠償外，還須對因戰爭直接導致的參戰國平民及其財產遭受的損失給予賠償，前者一般被成為「戰爭賠償」而後者則被成為「受害賠償」。雖然在近代國際法上，大多數交戰國之間在締結和約時並沒有將戰爭賠償細分為國家和民間賠償兩部分，只是籠統地提出總的賠償數額，但在理論上，甚至在邏輯上，戰爭賠償的內容構成應當由兩方面組成，即國家（政府）的損害賠償部分和民間的損害賠償部分。〔註29〕

就戰後國民政府的對日戰爭索賠而言，所指的也主要是國家的損害賠償部分。而民間戰爭損害索償權是指非戰鬥人員關於其人身、財產或財富通過交戰國之一的佔領或直接與戰爭有關而遭受的損失和損害，並享有對非法發動侵略戰爭以及違反戰時法的加害國行使索賠的權利。〔註30〕因此，第一次世界大戰後關於戰爭賠償概念的劃分，應該可以說是一個歷史的進步。就國際法角度而言，戰爭法規所維護的不僅僅是作為被侵略國國家的利益，作為具體戰爭的參與者同樣有權利獲得戰爭法規的保護。而一場戰爭是否具有正

〔註28〕周洪鈞、管建強、王勇等著：《對日民間索償的法律與實務》，時事出版社 2005 年 1 月第 1 版，第 135～136 頁。

〔註29〕管建強著：《公平、正義、尊嚴——中國民間戰爭受害者對日索償的法律基礎》，上海人民出版社 2006 年 7 月第 1 版，第 167 頁。

〔註30〕同上，第 169 頁。

義性或者說是否具有合法性，交戰國是否遵守國際戰爭法規往往是衡量的一條重要標準。而相關的國際法規也對戰爭賠償作了明確的規定，比如 1907 年 10 月 18 日簽訂的海牙第四公約《陸戰法規和慣例公約》第 3 條就規定：「違反該章程規定的交戰一方在需要時應負責賠償。該方應對自己軍隊的組成人員做出的一切行為負責。」〔註31〕此後的海牙章程第 22 條以及附加於 1949 年 8 月 12 日日內瓦公約的 1997 年《第一議定書》第 91 條都規定交戰者必須對其違法行為負賠償責任。

　　第一次世界大戰後在德國的戰爭賠償問題上，由於協約國對德國的賠償要求過於苛刻，從而導致德國民眾的反感，成為納粹黨得以在德國迅速發展壯大的原因之一。鑒於第一次世界大戰后德國戰爭賠償的教訓，人們開始重新思考戰爭賠償的意義。為此，在第二次世界大戰結束後，盟國對德日等國主要採取了實物賠償的方式，放棄對德日等國的戰爭賠款要求。應該說，這是人類關於戰爭賠償理念轉變的直接結果。戰爭賠償雖然具有懲罰戰爭的目的，但二戰後盟國處理德日等國的戰爭賠償時，充分考慮到了德日等國民眾生活的需要，尤其是在對日戰爭索賠問題上，盟國在制定賠償政策之初，就指出必須維持日本人民和平生活的需要，充分體現了人性化的戰爭賠償理念。其實早在第一次世界大戰結束後的對德戰爭賠償問題上，美國總統威爾遜在其提出的著名的「十四點計劃」中，就已經主張放棄戰爭賠償而給予民眾在戰爭中的損失予以補償。「戰勝國不應要求軍事應有的賠償，它只應要求平民損失的補償。」〔註32〕這一關於戰爭賠償的理念在第二次世界大戰後的對德日等國的戰爭索賠過程中得到了很好執行。綜觀二戰後盟國對德日戰爭賠償問題的處理，我們可以發現，盟國基本上放棄了對德日等國的戰爭索賠，但由於在實施的操作過程中，並沒有對國家的戰爭賠償及民間的個人受害賠償做明確的區分。因此，在民間受害者個人索償方面，主要取決戰敗國對其侵略戰爭的反省態度，而在這方面，日本政府不但千方百計逃避戰爭賠償，對於民間受害賠償也以各種理由加以否決，這直接傷害了曾經飽受侵略各國人民的感情，也直接導致了戰後中韓等國戰爭受害者對日民間索賠運動的不

〔註31〕王鐵崖、朱嘉蓀、田如萱、李永勝、孫華民編：《戰爭發文獻集》，解放軍出版社 1986 年 9 月第 1 版，第 46 頁。

〔註32〕伍啓元著：《中國工業建設之資本與人才問題》（附錄），商務印書館，1946 年版，第 35 頁。

斷興起。當然中韓等國民間受害者的對日民間索賠不僅僅是爲了獲得經濟上的補償，更重要的是表明日本政府對待歷史的態度。日本政府如果一味拒絕賠償，不但會傷害中韓等國人民的感情，也會給日本與亞洲各國的關係蒙上陰影。

通過對上述戰爭賠償概念歷史演變的分析，我們可以發現人們關於戰爭賠償的理念直至導致了戰爭賠償方式的轉變。國家間的戰爭賠償與民眾的個人受害賠償日益成爲戰爭賠償概念的兩個重要組成部分，雖然政府有可能放棄了戰爭賠償的要求，但民眾的個人戰爭受害賠償請求權日益成爲現代國際法所保護的對象，各國政府不能因爲國家放棄戰爭索賠權，而剝奪民眾的個人戰爭受害賠償請求權。

儘管也有的學者認爲戰爭賠償的概念和實踐在目前已經包括了國家對個人的補償，但學術界依然對戰爭賠償作了諸如國家賠償／民間賠償、政府間的戰爭賠償／民間的受害賠償、戰爭賠償／損害賠償、國家賠償／個人、民間受害賠償、戰爭賠償／戰爭補償等的區分。本文將採用狹義的戰爭賠償概念，即把日本戰爭賠償問題限定在日本對受害國的政府間賠償之內，主要考察國民政府對日本的戰爭索賠問題。至於民間的對日個人受害賠償問題（涉及到「慰安婦」問題、勞工問題、戰俘問題、軍票問題、細菌和化學武器問題、日軍對平民的無差別轟炸問題等所有的日本侵略戰爭遺留問題），本文暫不予涉及，留待以後繼續研究。當然由於筆者學識綿薄，乖謬之初，在所難免，敬請各位專家批評指正。

第一章　國民政府對日戰爭索賠的準備

第一節　國民政府的抗戰損失調查及調查機構設置沿革

　　自從 19 世紀 70 年代圖謀侵略臺灣以來，日本先後通過 1895 年的中日甲午戰爭割佔了臺灣，索取了 2 億 3000 萬兩的戰爭賠款；1905 年的日俄戰爭將其勢力範圍滲透到我國的東三省；1931 年的「九一八」事變吞併了東三省；1935 年的華北事變圖謀將華北五省從中國分割出去；1937 年更是發動了全面侵華戰爭，所有這一切給中國人民造成了巨大的財產損失和人身傷害。為了清算日本的侵華罪行，以便在戰後向日本索賠。早在抗戰期間，國民政府就已經設置了抗戰損失調查機構從事抗戰損失的調查工作，該項工作的實施直至國民政府撤離大陸為止。本節試就國民政府的抗戰損失調查工作及抗戰損失調查機構設置的沿革作一簡單介紹。〔註1〕

〔註 1〕關於我國的抗戰損失調查研究，早在抗戰期間學者們就進行了廣泛的研究。1938 年中央研究院社會科學研究所即曾開始研究估計抗戰各項損失，後因該所所址屢經遷徙，估計工作時或停輟。至 1941 年春，始由潘家林草成《抗戰三年我公私損失初步估計》一文。此為我國有系統研究抗戰損失的最早成果，可惜未公開發表，至今無從參閱。其後，該所韓啓桐以客觀而嚴謹的學術方法，研擬完成《我國對日戰事損失之估計》一書。其估計抗戰損失的時間，始自 1937 年 7 月 7 日，截止 1943 年 7 月 6 日，前後共六年，當時抗戰尚在進行之中，所以並不能算是抗戰損失的全面統計。此外因為該書估計抗戰損失係自七七事變算起，所以九一八事變後東北淪陷後的損失也沒有計入。在此之後比較著名的有關抗戰損失調查的研究著作是遲景德的《中國對日抗戰

　　關於戰爭的損失，就理論上來說包括兩個部分：一是指從事戰爭所需耗用戰費而言，通常包括一切超愈平時的額外軍政費用；一是指戰爭破壞結果而言，舉凡人口傷亡、公私財產損失、生產減損、貿易阻斷，以及爲處理戰爭善後工作所需各項費用都包括在內。前者可簡稱爲軍費，後者可簡稱爲戰爭損失。而戰爭損失又常分爲直接及間接兩種，前者即一般所謂戰爭損毀（war damages），後者即一般所謂戰爭影響（war effects）。〔註2〕所以戰爭損失調查涉及範圍極其廣泛，不論直接損失或間接損失，乃至戰費、人口傷亡等均包括在內，調查工作極繁重。而國民政府的抗戰損失調查主要是指戰爭破壞結果而言。

　　早在「七‧七事變」之前，日本就已經將其侵略魔抓伸向中國。通過1931年的「九‧一八事變」日本強佔中國的東三省，隨即又製造「一‧二八事變」將戰火引向上海。根據章君毅的《抗戰史話》記載：「日軍發動九‧一八事變，使我國所蒙受的重大損失，軍民死亡人數，從事變之夜到二十一年十一月底爲止，根據日本大阪每日新聞所載的統計，已達 23662 名，實際罹難者卻決不會少於 10 萬。財物方而，金融機關損失近 6000 億元，學校及文化機關損失 153 億元，實業損失 98 億元，財政及其他損失 1035 億元。因此，民間損失不計在內，軍公教損失的總額即約 18350 億元之巨。」〔註3〕另外據章伯鋒、莊建平主編的《近代中國史資料叢刊——抗日戰爭》記載：「一‧二八事變，

　　損失調查史述》（國史館印行，1987 年 3 月第 1 版）；另外張憲文主編的《南京大屠殺史料集》第 15 至 22 冊收錄了國民政府抗戰損失調查委員會以及賠償委員會的大量調查統計，是研究我國抗戰損失的重要史料；在論文方面有劉立峰的《抗日戰爭中國損失調查述略》（《集美大學學報》2005 年第 3 期），孟國祥的《中國抗戰損失研究的回顧與思考》（《抗日戰爭研究》2006 年第 4 期），陳榮華的《山西省抗戰損失述略》（《江西社會科學》2002 年第 11 期），黃菊艷的《抗日戰爭時期廣東損失調查述略》（《抗日戰爭研究》2001 年第 1 期），劉國武的《抗戰時期衡陽直接損失述要》（《衡陽師範學院學報》2004 年第 4 期），劉國武的《抗戰時期湖南直接損失述要》（《湖南師範大學社會科學學報》2005 年第 3 期），袁成毅的《抗戰時期浙江平民傷亡問題初探》（《民國檔案》2004 年第 1 期），戴雄的《抗戰時期中國文物損失概況》（《民國檔案》2003 年第 2 期），袁成毅的《抗戰時期中國最低限度傷亡人數考察》（《杭州師範學院學報》1999 年第 4 期）和唐凌的《關於抗戰期間廣西礦業損失的調查》（《歷史檔案》1999 年第 4 期）。

〔註 2〕沈雲龍主編：《近代中國史料叢刊續編》第九輯，韓啟桐著：《中國對日戰事損失之估計》，臺灣文海出版社有限公司印行 1980 年版，第 1 頁。

〔註 3〕章君毅著：《抗戰史話》，臺北中央文物供應社 1980 年版，第 44 頁。

十九路軍負傷 6361 人，陣亡 2390 人，失蹤 131 人；第五軍負傷 3487 人，陣亡 1825 人，失蹤 625 人。財產損失據中央統計處統計，全市損失逾 15 億元，人民損害計 18 萬戶強，死傷失蹤 1.8 萬人」。〔註4〕

　　在八年抗戰期間，國民政府首次組織的一次大規模損失調查，是對南京及其附近地區的災情調查。南京淪陷以後，南京國際賑災委員會（The Nanking International Relief Committee）爲進行賑災事宜，委託金陵大學美籍教授史邁士（Lewis Smythe）主持調查南京及其附近的災情。此項調查的時期，是自 1938 年 3 月 8 日，至於 6 月 15 日，歷時三月有餘。調查分兩部分進行：一部分爲南京市區調查，此一調查曾再分之爲二：其以調查家庭損失爲目的者，稱爲家庭調查（Family Investig），每五十家調查一家，共計調查九百四十九家；其以調查建築破壞情形爲目的者，稱爲建築調查（Bldg Investig），每十號門牌調查一號。另一部分爲鄉村調查，範圍及於江寧、句容、溧水、江浦、六合等五縣，惟六合當時因受交通治安的限制，調查僅及半縣。調查係沿主要路線進行，於調查員經過路程以內，每三村調查一村，每十家調查一家，共計調查九百零五家。史邁士據以上各項調查結果，編爲英文報告一種，名爲 War Damage in the Nanking Area。此項調查素以態度謹愼，內容翔實，著稱於世。惜因限於賑濟目的，於平民損失以外，並未及於國家社會的一般損失。蓋以其調查實施於南京陷敵以後，平民流散，或有全家被殺者，事實上多無從調查其損失與傷亡。即以南京市商業損失調查而言：「惟調查限於八大街區，南京全市商業損失當不至於此。」故此一調查報告只可作爲參考，不能作爲論據。〔註5〕這次調查雖然不夠詳盡準備，但卻爲以後的抗戰損失調查、估算工作提供了參考。

　　自 1938 年國民政府決定設立抗戰損失調查機構從事抗戰損失調查以來，國民政府抗戰損失調查機構的沿革大致經歷了五個階段：

一、國民政府主計處

　　1938 年 10 月 28 日至 11 月 6 日在重慶舉行的第一屆國民參政會第二次會議上，參政員黃炎培等鑒於我國遭受日本帝國主義侵略，損失慘重，在會中

〔註4〕 章伯鋒、莊建平主編：《近代中國史資料叢刊——抗日戰爭》第一卷，四川大學出版社 1997 年版，第 356～359 頁。

〔註5〕 遲景德著：《中國對日抗戰損失調查之研究》（節錄），《日本侵華研究》1992 年 5 月第 10 期，第 32 頁。

建議政府速設抗戰公私損失調查委員會，展開調查抗戰損失工作，擬俟戰爭結束向日本侵略者索取賠償，並將此空前慘痛的事跡，用具體的損失數字翔實記載於國史，昭告天下及後世。該提案內容如下：「抗戰已及十六個月，公私損失，不可以數計。到戰爭結束時，一、必須向敵方提出賠償問題；二、未來之國史，必將此空前慘痛之事跡，翔實記載，昭告天下及後世。凡此皆須有正確數字爲根據。爰建議辦法如下：一、中央政府從速設立抗戰公私損失調查委員會。二、由該會從速進行調查前方、後方直接、間接公私損失，塡具表式，報告政府。三、該會及其實施辦法，由政府制定之。」〔註6〕該提案經大會通過後，提交國民政府研辦。1939 年 7 月，國民政府行政院制定頒佈了《抗戰損失調查辦法》及《調查須知》，通令所屬中央各機關及各省市（縣）政府分別調查具報，復呈報國民政府通令其他機關一律查報，且指定國民政府主計處審核彙編所有調查資料。主計處自 1940 年起，每隔半年即就所收到的報告，並將以前所得的數字，累積彙編一次，名爲《抗戰中人口與財產所受損失統計（試編）》，至 1942 年，計有安徽、江西、湖北、湖南、四川、河南、陝西、福建、廣東、廣西等 11 個省及洛陽市先後將抗戰損失調查報告送交國民政府。由此可見，在國民政府開始進行抗戰損失調查的初期，關於抗戰損失調查的工作是由行政院主辦，而國民政府主計處則負責協辦抗戰損失查報資料的審核、統計與彙編工作。但此時專管抗戰損失調查的機構暫時還沒有設立。

至 1942 年底前，國民政府主計處已編成 6 次彙編數字，但此項查報除少數行政機關及產業設備損失外，似少有參考價值。據國民政府主計處統計局所編《抗戰中人口與財產所受損失統計》第六項統計，截至 1942 年底止，計有皖、贛、鄂、湘、川、豫、陝、閩、粵、桂、黔等十一省政府及西京（洛陽）市政府曾有報告到局，計其直接損失，約有國幣 7794126 元。〔註7〕此一統計數字雖僅限直接損失，其實亦難周全，遺漏甚多。至於間接損失，則多不知如何查報。以陝西省爲例，其查報結果即非常不理想。陝西省歷年查報抗戰損失資料，經驗查結果，省屬各機關僅省警察局及建設

〔註6〕張憲文主編：《南京大屠殺史料集》（第十六冊），徐康英、姜良芹、郭必強等編：《抗戰損失調查委員會調查統計》（上），江蘇人民出版社 2006 年 1 月第 1 版，第 1 頁。

〔註7〕沈雲龍主編：《近代中國史料叢刊續編》第九輯，韓啓桐著：《中國對日戰事損失之估計》，臺灣文海出版社有限公司印行 1980 年版，第 51 頁。

廳的查報略為詳盡，教育廳、財政廳及社會處等機關則從未查報。至於各縣政府，則僅有潼關等 8 縣曾經查報。但上述業經查報之各機關，僅注意到直接損失，對間接損失則多忽略。且 1942 年以前之各種損失，皆未查報。按陝西省歷年屢遭敵機轟炸，所受損失必巨，即便未受直接損失，其所受間接損失（如防空設備等）亦必不少。由此可見，在戰火頻仍、顛沛流離下進行各項損失調查，窒礙甚多，困難重重，因而推行抗戰損失調查的實效當然難期理想。〔註8〕

二、行政院抗戰損失調查委員會

到 1943 年，抗日戰事日益激烈，損失更加慘重。國民政府主席將中正乃於是年 11 月 17 日，以機密甲字第八一八八號手令行政院：「自九一八以來，我國因受日本侵略，關於國家社會公私財產所有之損失，應即分類調查統計，在行政院或國防最高委員會組織機構，切實著手進行，勿延。」〔註9〕行政院奉令後，即由行政院秘書長張厲生積極加以籌劃。1944 年 2 月 5 日根據《行政院抗戰損失調查委員會組織規程》，國民政府正式成立了第一個從事抗戰損失調查的專門性機構，即「行政院抗戰損失調查委員會」，由翁文灝等七位常務委員組成，行政院副院長孔祥熙兼任主任委員。〔註10〕其職掌為調查自 1931 年 9 月 18 日以後因日本侵華給中國帶來的直接或間接損失，向日本侵華當局要求賠償。該會直隸於行政院，內置委員 31～49 人，由行政院院長派充之，並酌用雇員若干人。該會規定每月舉行會議一次，必要時可由常務委員召開臨時會議。〔註11〕該會下設秘書處及四個小組。第一組負責教育文化事業的損失調查事項，第二組負責公私財產損失調查事項，第三組從事其他損失調查，第四組從事關於敵人在淪陷區內經營各種事業的調查。〔註12〕國民政府

〔註 8〕 劉立峰著：《抗日戰爭中國損失調查述略》，《集美大學學報》2005 年第 3 期，第 94 頁。

〔註 9〕 遲景德著：《中國對日抗戰損失調查之研究》（節錄），《日本侵華研究》1992年 5 月第 10 期，第 27 頁。

〔註10〕 遲景德著：《中國對日抗戰損失調查史述》，（臺灣）「國史館」印行，1987 年 3 月第 1 版，第 14 頁。

〔註11〕 夏茂粹著：《國民政府賠償委員會簡介》，《檔案與史學》2003 年第 1 期，第77～78 頁。

〔註12〕 《行政院抗戰損失調查委員會組織規程》，中國第二歷史檔案館館藏檔案，全宗號 20；案卷號 376。

主計處在該會成立後，將其所經辦的抗戰損失統計資料及有關案卷移交該會。移交案卷計 458 宗，未歸卷者 83 件。〔註13〕

　　行政院抗戰損失調查委員會在接收國民政府主計處已有調查資料的基礎上，積極展開抗戰損失的調查工作。首先，對 1939 年 7 月行政院制定頒佈的《抗戰損失調查辦法》及《查報須知》，予以研擬修訂。修訂後的抗戰損失的調查包羅頗廣，項目詳盡，設計的損失報表即有 22 種之多。從調查的時間看，分前後兩期，前期自 1931 年 9 月 18 日起至 1937 年 7 月 6 日止；後期自 1937 年 7 月 7 日起至戰爭結束止。從調查的對象來看，包括政府機關、公私營機構、人民團體及私人的各項損失。從調查的區域看，則不論政府控制區、淪陷區、乃至海外華僑俱在調查範圍。調查方法，則由各主管機關（在中央為各部會署處，在省市為省市政府）督促所屬切實調查登記，並填具報告書呈轉行政院抗戰損失調查委員會審核彙編，每年 1 月 7 日為呈報之期。從以上可知，調查各項損失的工作，係通過中央、省、縣、市、鄉、鎮各級政府進行運作的，足見國民政府對於此項工作的重視。此外，該會還制定了工作計劃大綱與各組及秘書處工作計劃。行政院抗戰損失調查委員會所擬規劃頗為詳盡，後來該會的隸屬雖有所更易，甚至名稱也有所改變，但辦理抗戰損失調查的工作則基本上是以此為基礎的。

三、內政部抗戰損失調查委員會

　　抗日戰爭進入相持階段以後，國民政府在進行抗戰損失調查的同時，深感有必要開展日軍在華暴行調查以利戰後清算，遂於 1943 年底開始籌設敵人罪行調查委員會等機構，擬定《敵人罪行調查委員會組織規程》，並報國防最高委員會核定施行。該組織規程明確了敵人罪行調查委員會的設置目的，「係為調查敵人對我國及人民違反戰爭規約及慣例的一切罪行，以備將來訊辦。」〔註14〕1944 年 2 月 23 日，敵人罪行調查委員會在陪都重慶正式成立，並報國民政府及國防最高委員會備案。

　　雖然「敵人罪行調查委員會」著重於敵人罪行之調查，「行政院抗戰損失

〔註13〕遲景德著：《中國對日抗戰損失調查史述》，（臺灣）「國史館」印行，1987 年 3 月第 1 版，第 11 頁。

〔註14〕《敵人罪行調查委員會組織規程》，中國第二歷史檔案館館藏檔案，全宗號：12（6）：案卷號：129。

調查委員會」偏於抗戰之損害調查，但在實際操作過程中兩機構的工作往往有重疊之處。因此 1944 年 3 月召開的行政院第六八七次會議決定：「敵人罪行調查委員會及抗戰損失調查委員會應予合併，並改隸內政部」〔註15〕。1945 年 2 月 21 日行政院訓令內政部：查敵人罪行調查委員會及抗戰損失調查委員會前經本院第六八七次會議決議「應予合併並改隸內政部」，經令該部遵照在案。茲奉委員長蔣核定「敵人罪行調查委員會應改隸外交部主持，由各有關機關協助。抗戰損失調查委員會隸屬內政部，分別充實機構工作。」〔註 16〕至此行政院抗戰損失調查委員會改隸內政部，並將其組織酌加調整及精簡，將委員人數精簡為 11～15 人，由內政部長在有關機關高級人員中聘任，該會只設主任委員 1 人，由內政部長兼任，未置副主任委員和常務委員，內設秘書室及兩個業務組，每月召開一次全體委員會議。內政部抗戰損失調查委員會的職掌仍係調查自 1931 年 9 月 18 日以後因日本侵略給中國帶來的直接或間接損失，只是進一步明確規定屬軍事方面的抗戰損失調查由軍政部督飭所屬機關查報；屬蒙古各盟旗地方的抗戰損失調查由蒙藏委員會督飭各盟旗長官查報；屬旅外華僑的抗戰損失調查由僑務委員會委託僑團查報。至抗戰勝利後，各省市或設立抗戰損失調查機構，或指定單位專負其責，抗戰損失調查工作一時頗為活躍。〔註 17〕

四、行政院賠償調查委員會

抗戰勝利後，對日本索取賠償即已提到議事日程。此時的抗戰損失調查委員會已不能適應形勢的要求，必須有專管機構辦理向日本索取賠償事宜。1945 年 10 月下旬，外交部得悉美國戰爭賠償專使鮑萊即將來華商討有關日本賠償事宜。為此，外交部於 11 月 13 日召集軍政部、交通部、經濟部、司法行政部、僑務委員會、財政部、內政部、教育部、農林部等部會代表開會，商

〔註15〕張憲文主編：《南京大屠殺史料集》（第十九冊），郭必強、姜良芹等編：《日軍罪行調查委員會調查統計》（上），江蘇人民出版社 2006 年 1 月第 1 版，第 36～37 頁。

〔註16〕張憲文主編：《南京大屠殺史料集》（第十六冊），徐康英、姜良芹、郭必強等編：《抗戰損失調查委員會調查統計》（上），江蘇人民出版社 2006 年 1 月第 1 版，第 74 頁。

〔註17〕夏茂粹著：《國民政府賠償委員會簡介》，《檔案與史學》2003 年第 1 期，第 78 頁。

討有關事宜及應準備的資料。會中決定進行對日要求賠償的辦法之一，即是設置賠償調查委員會。因此，外交部於 1945 年 11 月 19 日函呈行政院，請「將內政部抗戰損失調查委員會更名爲賠償調查委員會，改隸行政院，仍由原有人員主持辦理」，旋經行政院會議決議通過設置行政院賠償調查委員會。行政院賠償調查委員會的主要任務除了繼續從事我國抗戰損失調查外，還有另外兩項重要任務即：一、調查日本賠償能力，並確定日方賠償之種類及數量。二、調查我方已接受之日方公私財物。〔註18〕

　　賠償調查委員會成立之後，內政部抗戰損失調查委員會依然存在，並未按照原案實施改組，而且正在積極從事抗戰損失的調查工作，既未更名，也沒有改組歸併。另外賠償調查委員會的設立，僅置主任委員及委員，既未頒行組織規程或條例，也沒有設處辦事。並且在國民政府還都南京以後，行政院秘書長兼賠償調查委員會主任委員蔣夢麟又於 1946 年 8 月 7 日以「茲以院事日漸增繁，而該會會務亟待推進，事實上實無暇兼顧。爲免貽誤計，擬請准予辭去該會主任委員兼職，並請以前交通部次長龔學遂繼任。」〔註19〕爲由提出辭呈。所以綜觀行政院賠償調查委員會的設置，爲時不及一年，對於處理日本的賠償問題及辦理抗戰損失調查工作，似乎均作爲不多，其成立只可視爲行政院設立賠償委員會的前奏。

五、行政院賠償委員會

　　1946 年隨著各國對日索賠工作的展開，外交部又以中、美、英、蘇、法、荷、加、澳、新西蘭、印度、菲律賓等十一國所組成的遠東委員會內業已設置賠償委員會，爲求與國際間的名稱接軌爲由，建議將行政院賠償調查委員會更名爲賠償委員會。此一提案經行政院會議通過，賠償委員會遂於 1946 年10 月 1 日正式成立。由於賠償委員會係由賠償調查委員會改組歸併而成，原來計劃歸併賠償調查委員會的內政部抗戰損失調查委員會，此時也和賠償調查委員會一起改組歸併賠償委員會。所以賠償委員會其實是接辦了賠償調查委員會與內政部抗戰損失調查委員會的工作，具有承先啓後的作用。

〔註18〕遲景德著：《中國對日抗戰損失調查史述》，（臺灣）「國史館」印行，1987 年3 月第 1 版，第 32 頁。

〔註19〕張憲文主編：《南京大屠殺史料集》（第二十二冊），姜良芹、郭必強編：《賠償委員會調查統計》，江蘇人民出版社 2006 年 1 月第 1 版，第 27 頁。

　　根據國民政府 1946 年 10 月 29 日公佈的《賠償委員會組織條例》，賠償委員會的主要職掌爲：（1）關於賠償原則之擬定事項（2）關於賠償方案之編製及審議事項（3）關於損害賠償之調查統計事項（4）關於指定賠償之工廠或物資拆運計劃之擬定事項（5）其他有關賠償之重要事項。〔註20〕該會置主任委員 1 人，副主任委員 1 人，主任委員由行政院院長兼任。另外賠償委員會置委員十三人至十七人，以行政院秘書長、內政、外交、國防、財政、經濟、交通、教育、農林、社會各部部長，資源、僑務各委員會委員長及主計長兼任並得聘請專家充任之。主任委員翁文灝，副主任委員龔學遂，委員蔣夢麟、張勵生、王世杰、白崇禧、俞鴻鈞、王雲五、俞大維、朱家驊、周詒春、谷正綱、錢昌照、陳樹人、徐堪、陳方、劉攻芸、雷震、陶孟和、尹仲容〔註21〕。賠償委員會的組成人員基本上都是當時國內外交界和政界的知名人士，以及各個方面的專家學者，從該委員會的人員組成，我們可以體會到國民政府對於索賠工作的重視。

　　賠償委員會內設兩小組及一秘書室，第一組掌理抗戰公私損失之調查統計事項；第二組掌理賠償方案之編製及賠償物資之審議、支配事項；秘書室掌理文書、庶務、會計、人事及其他不屬於各組事項。其人員配置爲秘書 3 人，其中主任秘書 1 人爲簡派，餘爲薦派；正副組長各 1 人、技正 4 人均爲簡派，技士 4 人爲薦派，組員 20～26 人爲委派，但其中 5～9 人可薦派，並可用雇員 9～15 人；另因處理專門問題或技術問題需要還可聘用顧問 1～3 人、專門人員 5～9 人，並可視工作需要向有關機關商調適當人員兼任各項職務。〔註22〕賠償委員會爲了辦理日本賠償方面的工作，尤其是配合美國關於日本賠償的先期拆遷計劃，於 1947 年 4 月以後陸續在該會之下特設工具機、造船、鋼鐵、化工、電力、輕金屬、特種工業（軍需）、船舶、賠償及遷建經費與技術等十個小組，承擔研究設計有關日本賠償方案和審核國內的賠償申請業務。以上各小組以綜合小組會議總其成，由各部會派代表分任各組研討事宜。〔註23〕

〔註20〕《行政院賠償委員會編章則匯編》，中國第二歷史檔案館館藏檔案，全宗號：2；案卷號：9840。
〔註21〕中國第二歷史檔案館檔案，全宗號8；案卷號33。
〔註22〕夏茂粹著：《國民政府賠償委員會簡介》，《檔案與史學》2003 年第 1 期，第78 頁。
〔註23〕遲景德著：《中國對日抗戰損失調查史述》，（臺灣）「國史館」印行，1987 年3 月第 1 版，第57 頁。

　　1947 年隨著「先期拆遷賠償」工作的展開，賠償委員會因辦理日本賠償及歸還物資的調查、申請、接收、拆遷、督運、處理等業務，奉准設置了三個附屬委員會：一是 1947 年 9 月 17 日成立的日本賠償及歸還物資接收委員會，該會隸屬於中國駐日代表團，並受賠償委員會的督導，遵照賠償委員會所訂計劃方案，辦理關於賠償歸還物資的調查、申請、拆遷、接收、交運上船等業務。二是 1947 年 9 月 25 日正式成立的日本賠償及歸還物資督運委員會。三是 1948 年 4 月 26 日成立的日本賠償及歸還物資處理委員會。在上述由賠償委員會議決設立的三個委員會中，日本賠償及歸還物資接收委員會係駐日機構，在行政系統上隸屬中國駐日代表團，在職權的行使上接受賠償委員會的指導。因為賠償及歸還工作涉及外交事務，所以索賠的主管機構之一為外交部，有關對日外交政策及涉外事務均需由外交部主持辦理，賠償委員會和外交部同隸行政院，共同負責管理對日索賠的事務。

　　1948 年下半年以後，由於大陸局勢的轉變，雖然在賠償委員會的檔案資料中，仍列有抗戰損失調查工作計劃的項目，但在人事檔案中卻發現部分人員已經開始遣散。1949 年 1 月 12 日，賠償委員會舉行第七十六次業務報告，其中有這樣的記載：「本會文卷應速整理裝箱，與行政院運往同一地點存放。」〔註 24〕說明該委員會已經在開始準備撤退了。大陸淪陷後，國民政府遷往臺灣，抗戰損失調查工作實際上已經停止。後來又因為美國對日政策由敵對轉為扶植，日本賠償隨之停滯。因此，賠償委員會在臺灣未能恢復建制，國民政府的抗戰損失調查工作至此結束。

　　雖然國民政府的抗戰損失調查工作在調查範圍及調查時間上也有所不足，比如在範圍方面，對我國東三省地區及臺灣地區以及海外華僑的抗戰損失調查不夠，在時間上，主要集中在 1937 年 7 月 7 日以後我國的公私抗戰損失，對於 1937 年之前因日本侵略給我國及人民造成的損失調查有限。另外由於抗戰損失調查機構前後經歷了五次沿革，缺乏連貫性，部分調查數據在各機構的交接過程中存在丟失現象，但總的來說，國民政府的抗戰損失調查工作還是取得了比較大成就，為國民政府的對日戰爭索賠工作做了鋪墊，同時國民政府公佈的抗戰損失數據也成為我們今天民間對日索賠的重要依據。

〔註24〕遲景德著：《中國對日抗戰損失調查史述》，（臺灣）「國史館」印行，1987 年
　　　3 月第 1 版，第 58 頁。

第二節　國民政府對日戰爭索賠政策的醞釀和提出

在設置抗戰損失調查委員會及敵人罪行調查委員會進行抗戰損失調查及敵人罪行調查的同時，國民政府也開始醞釀制定戰後的對日政策，尤其是戰後的對日戰爭索賠方針。本節試就國民政府的對日戰爭索賠政策的醞釀及提出過程作一分析。

日本的侵華戰爭給中國人們造成了巨大的災難，僅以 1937 年至 1945 年八年間中國所受的損失為例，其數字就是十分驚人的。根據戰後初期國民政府的不完全調查統計，中國在這場戰爭中所受的損失按照當時的美元價值計算至少有 300 億美元以上（不包括尚在調查、尚未調查地區和東北及臺灣地區的損失），中國普通國民傷亡 840 萬人以上，軍人傷亡 330 萬人以上。〔註25〕另據中華人民共和國在 50 年代初的調查，八年抗戰期間，中國軍民遭受的生命損失便在 1000 萬人以上，財產損失價值超過 500 億美元。〔註26〕面對日本侵華戰爭給中國人民造成的巨大損失，早在抗戰過程中國民政府就已經開始醞釀制定戰後的對日戰爭索賠方針。

在 1943 年 11 月 23 日開羅會議召開期間，蔣介石在與美國總統羅斯福交談時，雙方就已經談到了將來日本投降以後的有關處理事項問題。其中，在談到戰後日本的賠償問題時，蔣介石建議，戰後日本給予中國的賠償，一部分可用實物支付，日本的許多工業機器設備，戰艦和商船，鐵路車輛等等可以移交給中國用作充賠。當時，羅斯福總統對此項動議表示同意。〔註27〕這表達了國民政府對於戰後對日戰爭索賠的初步設想，也在一定程度上明確了對日索賠的形式。

1944 年 3 月國民政府參事室參照蘇聯索賠辦法，草擬《戰後對日媾和條件綱要》，指出：日本除對我軍費賠償外，還應用以下方式對我予以經濟賠償：「（甲）賠款與債權 日本對華所得賠款無論已未交付，所享債權無論有無擔保，一律取消；（乙）損失賠償日本非法侵略所致中國一切公私損害，日本應

〔註25〕 中華民國外交問題研究會編：《中日外交史料叢編》（七），《日本投降與我國對日態度及對俄交涉》，中國國民黨中央委員會黨史委員會發行 1995 年 8 月版，第 299～302 頁。

〔註26〕 沈鈞儒：《關於戰爭罪犯的檢舉和懲罰》，載《日本問題文件彙編》第 1 集，世界知識出版社 1955 年 3 月第 1 版，第 74 頁。

〔註27〕 《德黑蘭、雅爾塔、波茨坦會議記錄摘編》，上海人民出版社，1974 年 9 月第 1 版，第 448 頁。

負賠償之責，並以實物或金錢交付；（丙）投資與建設　日本在華所有投資以及在侵略或割讓地區公私建設包括路礦廠舍各種財產以及存儲物資一律交與中國；（戊）復興資源　日本在若干年內負責供應中國復興建設所需資源及製成品；（己）債票僞鈔　日本及其所支持僞政權在中國佔領區域內所發行公債、僞鈔、軍用票及其他有價證券，應由日本政府以國際通貨全部贖回。」〔註28〕這反映了國民政府在對日索賠問題上的積極態度。

　　早在國民政府設立抗戰損失調查機構進行抗戰損失調查的同時，國民政府也開始了另一項重要工作，即沒收日本在華公私財產，並將其中一部分作爲戰爭賠償之用。1943 年 3 月，國民政府行政院設立敵產處理委員會，並頒佈《淪陷區敵國資產處理辦法》（1943 年 3 月 14 日）和《敵產處理條例》及其細則（1943 年 12 月 7 日），〔註29〕以作爲處理此類事件的法律依據。1945 年 9 月 2 日，即日本無條件投降簽字的當天，中國外交部即向蘇聯、美國駐華大使遞交了一份備忘錄，就中國沒收日本在華的公私財產以及日本在華經營的一切事業單位一事進行了通報，並要求其轉請本國政府支持國民政府的關於沒收日本在華公私財產以作爲日本對中國損害賠償之一部分的主張〔註30〕。對此，蘇聯方面始終沒有對此作正式答覆，美方在 10 月 11 日的迴文中表示大體同意，但聲明：（1）可能與日本財產混合的聯合國家的利益不得予以沒收；（2）中國境外日本財產的產權證件或法幣、日幣以外的貨幣或黃金，應僅予凍結，待最後賠償清算時再作決定；（3）沒收日本財產時應留有遣送回國前的日人生活費和回國安置費；（4）沒收的日本財產應記帳作爲今後日本賠償中國抗戰損失的一部分〔註31〕。美國政府的這一迴文基本上反映了其對日索賠的方針，即既要進行賠償又要保障日本人民的生活需要。

　　1945 年 8 月 15 日，當日本向全國播放天皇的停戰詔書之後不到一個小

〔註28〕《戰後對日媾和條件綱要》，中國第二歷史檔案館藏，全宗號 761：卷號 226。

〔註29〕全文參見：中華民國外交問題研究會編：《中日外交史料叢編》（七），《日本投降與我國對日態度及對俄交涉》，中國國民黨中央委員會黨史委員會發行 1995 年 8 月版，第 66～67、84～90 頁。

〔註30〕《外交部致美、蘇兩國大使備忘錄》，載秦孝儀主編：《中華民國重要史料初編——對日抗戰時期》第二編《作戰經過》（四），中國國民黨中央委員會黨史委員會編印，1981 年臺北版，第 77 頁。

〔註31〕秦孝儀主編：《中華民國重要史料初編——對日抗戰時期》第二編《作戰經過》（四），中國國民黨中央委員會黨史委員會編印，1981 年臺北版，第 78～80 頁。

時，當時的中國國民政府主席蔣介石就在重慶發表了對全國軍民及世界人士的廣播演說。關於今後中國的對日政策蔣介石表示：「我中國同胞們須知『不念舊惡』及『與人爲善』爲我民族傳統至尚至貴的德性，我們一貫聲言，只認日本黷武的軍閥爲敵，不以日本的人民爲敵。今天敵軍已被我們盟邦共同打倒，我們當然要嚴密責成他忠實執行所有的投降條款，但是，我們並不要報復，更不可對敵國無辜人民加以污辱。我們只有對他們爲他的納粹軍閥所愚弄所驅迫而表示憐憫，使他們能自拔於錯誤與罪惡。要知道，如果以暴行答覆敵人從前的暴行，以奴辱來答覆他們從前錯誤的優越感，則冤冤相報，永無終止，決不是我們仁義之師的目的。這是我們每一個軍民同胞今天所應該特別注意的。」〔註32〕這篇不主張以暴制暴的演說詞，便是後來「以德報怨」對日政策原則的起源。

蔣介石發表對日「以德報怨」演說以後，當時的國民政府官員一般都認爲該演說中所提示的恩德是「足令日本國民感激不盡的」〔註33〕。但事實上，蔣介石的這篇廣播演說在日本並沒有產生什麼特別的影響，在當時的報刊上看不到中國當政者所期望和想像的感激涕零的評論，除了一部分日本的政治家後來對蔣介石個人表示感激和外務省寄予重視之外，其社會影響可以說是微不足道的。〔註34〕從另外一個方面來說，作爲曾經飽受日本侵略之害的中國人民也不會輕易地以「以德報怨」的方式來處理日本賠償問題。從某種意義上說，蔣介石的「以德報怨」並不是一種政策而只是一種精神。就蔣介石自身而言，其何嘗不希望通過日本的戰爭賠償，來恢復因連年戰爭而遭到破壞的國民經濟。因此雖然蔣介石發表了對日「以德報怨」的演說，但國民政府的對日索賠方針並沒有因此而改變，有關戰後的對日戰爭索賠方案，國民政府仍在繼續討論制定之中。

1945 年 8 月 12 日，在日本投降前夕，國防最高委員會審定了《處理日本問題意見書》，制定了戰後處理對日政治經濟政策的基本原則，即「重新改造日本，使之眞正能實現民主，愛好和平，瞭解中國及盟邦，而能與世界愛好

〔註32〕秦孝儀主編：《中華民國重要史料初編——對日抗戰時期》第七編《戰後中國》（四），中國國民黨中央委員會黨史委員會編印，1981 年臺北版，第 634 頁。

〔註33〕何應欽著：《八年抗戰與臺灣光復》，臺灣國防部史政編譯局 1981 年版，第 168頁。

〔註34〕李恩民著：《中日民間經濟外交（1945～1972）》，人民出版社 1997 年 7 月第 1版，第 49 頁。

和平之國家合作。」這一意見書所制定的政治原則有以下幾項：「（1）日本天皇及整個皇權制度之存廢問題，在原則上應依同盟國共同意見辦理。先從修改其憲法入手，將天皇大權交還於日本人民；其有違反民主精神者，則應予廢除。（2）日本之神權與武士道為其侵略之源泉，應從思想及組織兩方面予以根除。（3）日本軍事制度及組織，除依照波茨坦宣言加以廢除外，其警察制度，亦為其政府奴役人民，鉗制人民思想及生活之工具，應徹底予以改造。（4）扶植日本有志自由民主之士，建設一和平民主自由之國家。」關於經濟問題，意見書提出以下幾點：「（1）日本工業除同盟國許可其繼續存在之和平工業外，其餘設備設法向同盟國交涉，移交我國，作為賠償之一部分。（2）日本行業及對外貿易為其經濟侵略之動脈，應予合理之調整及限制。（3）日本土地制度亦為養成人民盲目服從及對外侵略之主因，應徹底予以改革。（4）徵用日本在華戰俘，以加速收復區工礦業及交通復原之進行。」〔註35〕此外該意見書還對戰後日本的教育問題和法律問題提出了建議。同時該意見書建議國民政府：「（1）今後一切對日工作，應以政治、外交、文化、學術等機構團體之名義行之，其名稱及方式，應盡量避免引起日人之反感。（2）應對於研究日本問題之民間團體，應擴大其組織，並加強其工作。（3）應設法培植及獎勵日本問題專家之養成。」〔註36〕

　　1945 年 9 月 13 日，中國外長王世杰和美國國務卿貝爾納斯、蘇聯外長莫洛托夫換文，再次表達了中方對賠償問題的看法。10 月和 11 月，蔣介石令國防最高委員會秘書長王寵惠約集行政院內政部和外交部代表，兩度會商研討對日索賠方案。11 月 3 日，在討論賠償的範圍和方式時，朱邵陽等人堅持參事室擬定的《戰後對日媾和條件綱要》裏確定的賠償原則和方式，即要求日本賠償中國因抗戰而支付的鉅額戰費，用貨幣支付賠償。而王寵惠等則力主放棄軍費賠償，以日本實際償付能力予以實物賠償的辦法。由於王寵惠等的意見基本上遵循了美國對日索賠的原則，所以主張實物賠償的一方佔了上風。11 月 13 日，外交部最後通過了《關於索取賠償與歸還劫物之基本原則及進行辦法》，其中，對日索取賠償的 11 條原則大致為：（1）日本賠償應以實物

〔註35〕秦孝儀主編：《中華民國重要史料初編——對日抗戰時期》第七編《戰後中國》
　　　　（四），中國國民黨中央委員會黨史委員會編印，1981 年臺北版，第 638～639
　　　　頁。
〔註36〕同上，第 640 頁。

為主，賠款為輔；（2）中國受日本蹂躪最久，受害區域最廣，公私財產損失最大，人口傷亡最多，故對日本索取賠償應有優先權，如同盟國實行總額分攤，中國應得日本賠償總額之過半；（3）凡在中國在境內的日本公私財產悉數歸屬中國政府，以作為賠償的一部分，日僑此項私產損失，由日本政府負擔之；（4）在日本境內宜充作賠償的各種實物，應交與中國政府作為賠償的一個部分，這些實物包括軍需工業及重工業工廠設備；（5）日本應將每年所生產的一部分原料及產品，在規定的年限內分期定量交中國政府，作為賠償一部分；（6）關於偽鈔及日本在中國境內發行的軍用票等金融方面的損失，日本政府應在若干年內向中國政府分期償還；（7）蘇聯在東北發行的貨幣、中國在越南受降的一切費用，中國在軍事佔領日本期間的費用，均應由日本償還或負擔；（8）日本應將其可變賣的有價證券及國外資產（包括外匯）的大部分移交中國政府。〔註37〕由上可知，抗戰結束後，在對日索賠問題上，國民政府做了大量準備工作，擬定了對日索賠的原則和方法，表示出積極的姿態。但國民政府對日本索賠的標準，不是依據中國所受損害數字而定，而是依據日本當時的賠償能力而定的；索取的是實物，著重包括「軍需工業及重工業工廠設備」，以充實軍力，利於內戰。與此同時國民政府也作了在同盟國獲取賠償總數中爭取 50% 以上份額的打算，儘管這些構想是有充分理由或依據的，但後來的事實表明這是難以實現的。

　　為了研究戰後向日本戰爭索賠的具體辦法，根據國民政府主席蔣介石的手諭，1945 年 10 月 31 日國民政府各主要部門的負責人在軍事委員會會議室召開了有關日本賠償問題的會議。在這次會議上，國民政府外交部確定了對日戰爭索賠的三條基本原則：（一）對於日本賠款，我國有獲賠償之大部分及優先權。（二）敵人（政府及人民）在華，公私財產，統歸中國沒收。（三）日本人民在華之資產，經我國沒收者，應由日本政府賠償其損失。〔註38〕另外此次會議，還研究討論確定了以下幾點對日戰爭索賠的具體原則：一、關於名稱可仍用「賠款」二字，將來可依盟國方面所用者為準。二、關於日本賠款之分配，我國應有獲得其大部分物資及優先權，惟此點應設法取得盟國

〔註37〕秦孝儀主編：《中華民國重要史料初編──對日抗戰時期》第二編《作戰經過》（四），中國國民黨中央委員會黨史委員會編印，1981 年臺北版，第 18～20 頁。

〔註38〕《我國賠償政策方案》，臺灣中央研究院近代史研究所館藏國民政府外交部檔案，檔案號：077.2／0003；影像號：11－EAP－02273。

間（尤以美英）之同情與諒解。三、我國要求日本賠償，以物質爲原則，由軍政部、航委會、海軍總部等，各就主管部分，開裂清單提出其種類應分爲左列各項：1、輕重工業及化學工業機器設備，與科學研究設備工具等。2、現有製造品（陸海空軍兵器及船舶等）。3、以日本所有而我國所無之原料，如銅之類。4、科學及技術人員之征用。四、八年抗戰，我國死亡及傷殘官兵總數，應查明提出：1、陸軍——軍政部會同撫恤委員會調查之。2、空軍——航空委員會調查之。3、海軍——海軍總司令部調查之。五、軍費總數，由軍政部查明提出。六、關於人民房屋財產等之損失，以及被敵軍民勒索劫奪苛稅罰款等所引起之損害，統由行政院辦理之。七、以上三、四、五各項，均於十一月二日最高幕僚會議時提出討論，而後送請行政院綜合與美方交換意見。〔註 39〕從此次會議的決策來看，國民政府的對日戰爭索賠工作已經進入具體的研討和實施階段。

　　1945 年底，爲了給中國駐美大使、遠東委員會中國首席代表顧維鈞提供一個詳細的備用索賠材料，行政院賠償委員會擬定了《中國責令日本賠償損失之說帖》，由外交部轉寄顧維鈞時，改名爲《中國對日要求賠償之說帖》。該說帖共分中國境內日本資產、日本國外資產、日本國內供賠償之資產、中國之要求及解決賠償問題之途徑五個部分。在該說帖中國民政府第一次提出以 15 年戰爭（1931 至 1945 年）爲基準進行戰爭賠償的觀點，認爲「中國之作戰期間實遠較任何盟國爲長久」，「中國慘重之犧牲，於盟國獲致最後勝利上更有決定性之貢獻，」因此「中國認爲在盟國協商日本賠償問題時，應列居主要之地位」。〔註 40〕據此國民政府就戰後對日戰爭索賠提出了更加具體的方案，標誌國民政府對日戰爭索賠政策的成熟。至此經過長期的醞釀和討論，國民政府終於初步制定了戰後戰爭索賠的方針和政策。

　　1946 年 8 月 14 日，國民政府行政院院長宋子文致電駐美大使顧維鈞就對日戰爭索賠方針作了進一步的說明。具體內容包括以下幾個方面：「（1）中國抗戰損失，實龐大無比，中國政府在中國本部所接受日本政府及私人資產，依最高估計，亦僅抵中國全部抗戰損失之滄海一粟。中國得要求損失之優越

〔註39〕《我國賠償政策方案》，臺灣中央研究院近代史研究所館藏國民政府外交部檔案，檔案號：077.2／0003；影像號：11－EAP－02273。
〔註40〕秦孝儀主編：《中華民國重要史料初編——對日抗戰時期》第二編《作戰經過》（四），中國國民黨中央委員會黨史委員會編印，1981 年臺北版，第 45 頁。

分配額，殆無疑義。（2）工業設備劃歸中國者，應經中國政府指定，運往中國最後目的地，所需費用，歸日本政府負擔。此項工業設備，在一定限度期間內，應由熟練之日本人員安置及管理運用之。此等人員食宿，雖得由中國政府供給，但應由日本政府給償，所有其他有關運輸及安置工業設備之費用，應由日本政府撥付。（3）工業設備及其他資產撥給中國者，須自最後賠償協定締結日起，至少五年內，歸日本保管，準備隨時交付。（4）如屬可行，若干劃歸中國之工廠，得在日本境內利用日本人力，但由中國經營，用中國原料動力用煤，及流動資本，其期限以不超過最後賠償會議之日起，五年為度；五年後，是項設備。仍須由日本政府出資，運往中國，在日本使用各工廠之出品，由中國出資運往中國分銷。（5）現金賠償，用以抵補工業賠償計劃以外，及不敷之中國方面應得數額。此項現金賠償，應包括對可供分配各要求國家之現金資產取得協議之百分比，中國理應獲得主要比額。（6）日本在佔領中國領土期間，所搜集之有關自然資源、工業計劃等之技術上及經濟上資料，應包括在賠償計劃之內。」〔註41〕宋子文的這一指示表明國民政府不僅僅考慮了對日戰爭索賠過程中如何爭取更多賠償物資，同時對於如何充分利用賠償物資也做了周密的考量。

　　除了對日要求戰爭賠償外，國民政府還明確提出希望日本歸還劫物文物及移讓原屬於偽滿及臺灣銀行在日之資產，並希望美國對我要求予以支助。並且詳細列出歸還劫物的具體細則：在劫物項下，可以歸納之節目最重要者，有下列四種，金銀珠寶，文物，船舶及日軍在佔領區所發行之軍用票，至其他如鐵軌車輛等等，我方是否尚有證據，是否值得提出均待查明與研究，至偽政權之銀行所發行紙幣及日偽在佔領區內所發行公債等，是否亦可歸入歸還劫物項下要求償還，似須專案詳細研究，茲僅就上列四項略加分析於左：

　　（甲）金銀珠寶：在我三十五年由行政院所通過之《全國公私財產直接損失統計表》內我國金銀之損失總數為一億二千餘萬元美金（二十六年七月美金價值）。至珠寶及珍貴品之價值則列入於房屋家居及其他私產項目之內，其確實數字在該表內，無從獲悉。現駐日代表團所報，我方經由代表團向盟總提出證據要求歸還之金銀珠寶總值達一億零一百二十萬元美金。迄今盟總

〔註41〕《宋子文院長八月十四日致顧維鈞大使指示電譯文》，秦孝儀主編：《中華民國重要史料初編——對日抗戰時期》第二編《作戰經過》（四），中國國民黨中央委員會黨史委員會編印，1981年臺北版，第53頁。

歸還者，僅值一百二十萬元，其未歸還者，我自仍可繼續索還。據盟總今年三月間致文駐日代表團稱盟總所保管之金銀現僅存一億七千萬元美金。其中證明由於劫奪者只二百萬元。查盟總所保留之金銀珠寶原擬充賠償各國損失之用。惟現據種種跡象及美方非正式之表示，美國與盟總均反對使用此項金銀充作賠償，盟總對我歸還要求所取之拖延態度及對查究證據多方損摘均足以視為佐證，是以一方面我固宜由主管機關盡量設法搜集新證據，而另一方面我方似即可研究於交涉時是否可以表示倘日本不能以現存金銀歸還我方，我方可接受以同等價值之生產品補償。

（乙）文物：在行政院所通過之《直接損失統計表》內，我國文物之損失並無專項，而分載於《教育文化事業》及《房屋家居及其他私產》兩項下，是以文物損失之詳細數字在本部存卷內無法查明。至駐日代表團建議中所提及之《教育部所編被日劫掠文物目錄》及《文物損失數量估價表》所載者，恐僅為我方文物損失之一部分，我方如無其他資料與證件，則我方要求歸還文物恐最多僅能以教育部所編之目錄與估計表為限，倘日方無法將原物交還時，我可根據我在遠東委員會之提案要求就日方現存我國文物中提出若干補償，或於不得已時要求折價償還。

（丙）船舶：查我國在抗戰期間所有船舶之損失，其中有一部分系日本劫奪或徵用所致之損失，我國如不能提出賠償要求，者我方要求歸還者，恐僅此一部分。惟行政院所通過之直接損失統計表對船舶損失之分類系就船之性質：「海船」「漁船」為分類標準，而不以損失之性質為分類標準。故對目前需要不能使用。茲擬請交通部及國防部就日本所劫去與徵用之船舶另作統計列表估價，並搜集有關證件以備應用。至歸還方式，如日方無法將原船恢復當時狀況交還，則駐日代表團所建議之如左三項辦法似均有供參考之價值。

（1）以折價方式償還。

（2）由日本分期製造新船抵充，與必要時其造船之原料可由我方供給。據駐日代表團觀察，此種方式對於日本工業有利，或可為日方所接受。

（3）以日本現有船舶提出若干抵充，惟據駐日代表團穿插，此種方式恐不能為日方所接受。

（丁）軍用票：我方要求日本將其在我國所發行之軍用票照其原定價值收回。查行政院賠償委員會所編列之《國公私財產其他損失統計表》對軍用票載有專項，惟其總數僅有十三萬三千元美金，自大陸淪陷之後，我方對於

此項損失之證件是否保存，恐須主管機關查明方能決定我方是否可以提出要求。〔註42〕

　　通過對國民政府對日戰爭索賠政策醞釀及提出全過程的考察，我們可以發現蔣介石在處理戰後對日戰爭索賠問題上，似乎表現得有點矛盾：一方面在日本宣佈無條件投降後不久，蔣介石就發表了對日「以德報怨」的演說，表現了寬大的與日為善的精神；另一方面，他又積極設立處理戰爭賠償問題的機構，拆遷日本在華工業設備，以求懲罰日本以往的罪行，解除日本的經濟武裝，消滅其發動戰爭的潛力，同時以此來補償中國的一部分抗戰損失，加速戰後復興的步伐。所以國民政府的對日戰爭索賠政策正是在這種寬大與懲罰並行的複雜心態中做出的。

〔註42〕《中國對日要求賠償之說帖》，臺灣中央研究院近代史研究所館藏國民政府外交部檔案，檔案號：077.9／0001；影像號：11－EAP－02310。

第二章　戰後盟國對日戰爭索賠的準備

第一節　戰後對日戰爭索賠工作機構的沿革與概況

　　抗戰勝利後，爲了處理戰後日本的戰爭賠償問題，盟國、國民政府及日本政府先後成立了專門處理日本戰爭賠償問題的專門機構。在盟國方面主要是遠東委員會、盟國對日委員會及駐日盟軍總司令部；在國民政府方面主要是外交部、行政院賠償委員會及駐日代表團，在日本方面，負責處理戰爭賠償問題的機構先後爲：賠償廳，大藏省，商業、運輸及本部省和特別財產課及外務省特殊財產局。本節將就戰後對日戰爭索賠機構工作機構的沿革與概況作一簡單的介紹。

一、國際機構

（1）遠東委員會

　　1945 年 8 月 21 日，美國政府通知蘇、英、中三國政府，提議爲戰後佔領日本設立「遠東顧問委員會」，以商議管制日本政策，中、英兩國表示同意，但由於「遠東顧問委員會」僅具有顧問性質，因此蘇聯對此態度曖昧。1945 年 10 月 30 日，美國在華盛頓召開「遠東顧問委員會」第一次會議，蘇聯政府拒絕出席，並宣佈其不願意作爲單純的咨詢機構的一員，同時蘇聯要求成立一個四國對日管制委員會，蘇聯在其中要有與任何其他成員同等的發言權。由於蘇聯的反對，致使該會流產，計劃中的「遠東顧問委員會」沒有能夠成立。〔註 1〕

〔註 1〕 沈觀鼎：《參加駐日代表團的回憶》，《傳記文學》第 27 卷 1975 年第 1 期，臺北：傳記文學出版社 1975 年版，第 43 頁。

　　1945 年 12 月 16 日美、英、蘇三國外長在莫斯科召開會議，會上美國國務卿貝爾納斯提出了一個新的建議，同意成立一個遠東委員會（Far Eastern Commission），授以制定對日政策的權力，會址設在華盛頓；同時成立一個盟國對日委員會，純屬咨詢機構，會址設在東京。12 月 27 日，在徵得中國的同意後，決定設立遠東委員會及盟國對日委員會以取代舊的遠東咨詢委員會。根據莫斯科三國外長會議公佈的《遠東委員會組織規程》，遠東委員會之會員國包括中、美、英、蘇、法、荷、加、澳、新西蘭、印度及菲律賓等 11 個盟國，遠東委員會的任務為：「制定日本履行投降條款時所應遵守之政策、原則與標準等；應任何一與會國家之請求，考覈盟國最高統帥所頒佈之命令或盟國統帥之措施而有關該會職權範圍內之決策者。」〔註2〕美國政府的任務為對盟軍總司令頒發指令以執行遠東委員會之決策；但於緊急事故發生時，而此事故為遠東委員會業已制定之政策未及概括者，得於遠東委員會未採取行動前向盟軍總司令頒發臨時指令。但關於日本憲法機構或統制機構之根本改變或關於整個日本政府之改變之指令應於遠東委員會討論並獲致同意後方可發出。〔註3〕

　　1945 年 12 月 27 日根據上述組織規程，遠東委員會正式成立，會址設在華盛頓日本駐美大使館內。1946 年 2 月 26 日遠東委員會召開第一次會議，選舉美國代表麥科伊將軍為主席，討論了日本的憲法等問題。其有關賠償之任務為：解決各盟國對日賠償之要求；根據波茨坦宣言和盟軍佔領及管制政策，以決定戰後數年內日本之平時經濟水準。遠東委員會的第一小組委員會（賠償委員會）於 1946 年 3 月 11 日成立，主管日本賠償拆遷及被劫物資的歸還等事宜；第二小組委員會（經濟委員會）主管日本平時經濟部分。〔註4〕

　　遠東委員會成立之初，最初並無專理賠償問題之組織，後由第一小組研究其事，但亦不涉政策之決定，美國方面以茲事體大，建議專設一賠償委員會，以決定日本資產供應賠償之數量及種類，並接受被害國請求賠償之文件。

〔註2〕《遠東委員會及盟國管制日本委員會設立協議》，中國第二歷史檔案館編：《中華民國史檔案資料彙編》第五輯，第三編外交，江蘇古籍出版社 2000 年 1 月第 1 版，第 42 頁。

〔註3〕《在日辦理賠償歸還工作綜述》，中華民國駐日代表團編印，沈雲龍主編：《近代中國史料叢刊續編》710 輯，臺北：臺灣文海出版有限公司印行 1980 年版，第 7 頁。

〔註4〕行政院新聞局編：《日本賠償》，1948 年 3 月第 1 版，第 2 頁。

但是對於賠償委員會的具體職權，美英蘇三國意見並不統一。依美方原議，賠償委員會除其職權及有關原則應由遠東委員會決定外，餘得便宜行事，英國則主張在遠東委員會下增設之，一切措施均應受遠東委員會節制，至於蘇聯，則主張根本重行組織與遠東委員會不相統屬。〔註5〕因此，直至 1946 年該委員會才得以設立。

　　依照莫斯科外長會議的決定，遠東委員會所決議的事項，對盟軍統帥部管理日本的措施，是具有法律效力的，不過實際上，所有美國政府對盟軍統帥部發出的指令，該會皆加以尊重，盟軍統帥事實上已被賦予實施管理的全權。除此之外，美國政府在認爲有必要的場合，又有隨時命令盟軍統帥部的權限。由此推之，美國事實上代表了盟國，行使盟國佔領管理日本的權力。〔註6〕此外遠東委員會不能參與有關佔領日本的軍事方面的問題，也不准討論對日和約中諸如領土調整等問題，並且只能通過以下兩種形式同盟軍最高統帥部進行聯繫：（1）每當遠東委員會批准一項政策決議時，美國政府以發佈指示的形式將這項決議傳達給最高統帥；（2）由遠東委員會主席寫咨詢信件傳達意見。〔註7〕由於遠東委員會在表決方式上採取大國否定權的表決方式：「委員會之決議案可無需全體一致通過，惟此項決議案至少須經全體代表大多數贊成，且贊成之代表中須包括下列四強代表：美合眾國、聯合王國、蘇維埃聯邦及中華民國。」〔註8〕致使該委員會在此後的對日索賠工作上處於扯皮、拖沓，議而不決、決而難行的狀態，從而使得戰後日本戰爭賠償問題在很長時間內延而未決，嚴重損害遠東各盟國的利益。就遠東委員會實際作用而言，正如顧維鈞在其回憶錄中所說：「實際上是爲麥克阿瑟（駐日美軍總司令）在工作中以及對日管制方面所發生的問題起掩護和開脫作用。」〔註9〕

〔註5〕《有關日本賠償參考資料》，臺灣中央研究院近代史研究所館藏國民政府外交部檔案，檔案號：077.9／0006；影像號：11－EAP－02315。

〔註6〕甘友蘭著：《戰後日本的國勢》，上海文光書局印行 1958 年 4 月第 1 版，第 18 頁。

〔註7〕孟國祥、喻德文著：《中國抗戰損失與戰後索賠始末》，合肥：安徽人民出版社 1995 年 2 月第 1 版，第 195 頁。

〔註8〕《遠東委員會及盟國管制日本委員會設立協議》，中國第二歷史檔案館編：《中華民國史檔案資料彙編》第五輯，第三編外交，江蘇古籍出版社 2000 年 1 月第 1 版，第 43 頁。

〔註9〕顧維鈞著，中國社會科學院近代史研究所譯：《顧維鈞回憶錄》，第六分冊，中華書局 1989 年 5 月第 1 版，第 6 頁。

（2）盟國對日委員會

1945 年 12 月 27 日美、英、蘇三國外長莫斯科會議在決定成立遠東委員會的同時，還成立另一管制日本的機構，即盟國對日委員會（也稱盟國管制日本委員會或對日理事會）。關於盟國對日委員會的職責及其與遠東委員會及駐日盟軍最高統帥的關係，在隨後公佈的《盟國對日委員會組織條例》中有詳細規定，現將其摘錄如下：「1、茲設立一盟國對日委員會於東京，以盟軍最高統帥（或其代表人）爲主席，旨在與最高統帥磋商，並供其咨詢有關執行投降條款、佔領及管制日本等事宜，以及相關之補充指示。2、盟國對日委員會之委員，由最高統帥（或其代表人）爲委員會之主席；同時亦爲美國之代表、蘇聯代表、中國代表及一聯合王國澳大利亞紐西蘭及印度之共同代表充任之。每代表得有相當之助理人員，其人數之多少，應與委員會主席商議後決定之。3、盟國對日委員會，每星期至少開會一次。4、最高統帥得發佈所有有關執行投降條款、佔領及管制日本等事宜之命令，以及相關之補充指令。在任何情形之下，務須經由盟軍最高統帥，始能有所行動；因彼乃其轄境內唯一之聯合國家執行當局也。惟彼於發佈重要事項之命令以前，如情形許可，應先向委員會當局咨詢，並與之磋商，彼於此種事項所作之決定，具有約束性。5、如委員會委員之一與最高統帥（或其代表人）在執行遠東委員會關於管制機構之變更，憲法結構之修改，或整個日本政府之組織之政策方面意見相左時，最高統帥於遠東委員會對此事爲成立協議前，應不發佈有關此等問題之命令。6、必要時，最高統帥於事先向參加盟國對日委員會之其他聯合國家之代表作適當之磋商後，可對更換日本政府之某部部長或補充內閣中某閣員辭職後之遺缺，採取決策。」〔註10〕

從以上《盟國對日委員會組織條例》我們可以發現盟國對日委員會不過是一個咨詢及顧問機構，在處理戰後日本賠償問題上並不具有決定權。據曾經擔任駐日代表團副團長的沈觀鼎回憶：「簡單而言，本會不過一個備咨詢或顧問機構，原無多大權力，不過美代表以外的代表可以借題發揮，並因會議是公開的，各代表至少可利用它作選場場所。」「在麥帥方面，自欲視本會爲陪襯，所以一九四六年四月五日舉行首次會議時，他致開會辭中有：『本會權

〔註10〕秦孝儀主編：《中華民國重要史料初編——對日抗戰時期》第二編《作戰經過》（四），中國國民黨中央委員會黨史委員會編印，1981 年臺北版，第 81～82 頁。

限僅在備咨詢，而作勸告，並無分擔駐日唯一行政權威——最高司令——繁重的責任』一語；以後不再出席。」〔註11〕因此盟國對日委員會雖然設在東京，但其權限有限，只不過是美蘇兩國相互妥協的產物。「對日理事會的權限，只是關於日本履行投降條項，關於佔領日本及其管理以及實施指令等，和聯合國最高司令官協議，並向他貢獻種種意見。因此理事會並不是一個決定的機關。」「理事會沒有支配司令官做這樣或者做那樣的權柄，它僅僅是一個咨詢的，顧問的機構而已。」〔註12〕

（3）駐日盟軍總司令部

駐日盟軍總司令部（General Head Quarters，一般簡稱 G.H.Q）是在停戰前的 1945 年 8 月 13 日，由美國政府決定設立的。駐日盟軍總司令部最初設在橫濱，後來暫時遷至東京美國大使館，從 1945 年 10 月 2 日開始在日比谷第一相互保險公司大廈工作〔註13〕。駐日盟軍總司令（Supreme Commander for Allied Powers in Japan）為盟國駐日佔領軍之最高統帥，亦為在日執行盟軍佔領政策之最高負責人。因此，舉凡遠東委員會決定之政策在執行時必須透過美國政府，由美國政府頒發指令轉飭盟軍總司令遵照施行。有關日本賠償歸還之事宜亦不能例外。故日本賠償歸還之決策機構為遠東委員會，執行機構則為盟軍總司令部。駐日盟軍總司令部遵照遠東委員會之決策，選擇充賠償工廠或設備，詳定執行辦法，一面命令日本政府辦理拆卸、包裝、運集出口海港等事務，一方面聯絡各受償國家駐日機構辦理參觀、申請、分配、接收等事務，權限異常廣大，〔註14〕實際上擁有處置佔領下日本的一切重大行動的權力。

駐日盟軍總司令部的組織分為兩個系統，即參謀部門和一般民政部門。參謀部門又分為從第一到第四四個參謀部，這些參謀部直接隸屬於以麥克阿

〔註11〕沈覲鼎：《參加駐日代表團的回憶》，《傳記文學》第 27 卷 1975 年第 1 期，臺北：傳記文學出版社 1975 年版，第 43 頁。

〔註12〕中華學藝社編譯《日本研究資料》（第二冊），《對日管制概說》，上海大成出版公司 1947 年版，第 5 頁。

〔註13〕〔日〕吉田茂著，韓潤棠、閻靜先、王維平譯：《十年回憶》（第一卷），世界知識出版社 1963 年 12 月第 1 版，第 33～34 頁。

〔註14〕《在日辦理賠償歸還工作綜述》，中華民國駐日代表團編印，沈雲龍主編：《近代中國史料叢刊續編》710 輯，臺北：臺灣文海出版有限公司印行 1980 年版，第 8 頁。

瑟為元帥的美國遠東軍,同時對於日本的管理也負有一定的任務。具體而言,
第一參謀部的職責是:辦理佔領軍的人事及內部行政事務(如佔領軍成員的
出國入國、日本人的出國、紅十字會事宜、撤離等)。第二參謀部的職責是:
翻譯及整理日本方面的文件。掌管有關復原的檔案、管理情報、就不屬於外
交關係的外國使節團的通報進行傳達或同日本政府各機關進行聯繫等事宜。
第三參謀部的職責是:主管佔領軍的作戰、投降書以及向日本政府發佈的命
令的強制執行、日本人的集體歸國、戰鬥用飛機及艦艇的出入管制等事宜。
第四參謀部的職責是:主管供應。民間航空、佔領費及佔領所引起的物資影
響、旨在扶助日本經濟的石油的進口及分配、日本軍的裝備供應物資及設備
的處理等事宜。在上述參謀部門之外,還有一個與作戰無關的專門管理一般
民政事務的部門。在副參謀長的監督下,負責總務的官員擔任有關內部行政、
公共衛生、福利、報導、勞動、教育、宗教、財政管理、賠償等調整工作;
負責產業經濟的官員擔任有關農業、畜業、漁業、工業、進出口、天然資源、
科學等的調整工作。〔註15〕

　　此外駐日盟軍總司令部為處理戰後對日索賠工作,特設了相應的主管部
門,該部門曾隨著情況的變化而幾度改組演變:初期準備時期,在經濟科學
組工業科內設賠償股,股長為米克強(N.J.Meiklejohn),其工作偏重於調查研
究日本之工業,特別注意其設備與能力,以便決定何者應予保留,何者應供
賠償;1947 年 2 月,盟總因臨時賠償方案已定,美國正在先期拆遷,賠償工
作漸趨重要,乃將賠償股改為賠償執行處,由美國參謀次長哈里遜
(W.K.Harrison)準將任處長,原賠償股股長米克強任副處長;同年 5 月,盟
總因已奉令執行先期拆遷,又將其改為賠償組,下設總務、分配、外勤、登
記估價及聯絡等科,規模較大;1949 年 1 月,賠償機構緊縮,降格為賠償科,
附屬民間物資保管組,並任薛佛上校(Col.W.H.Schaefer)為賠償科長,此時
美國已經準備終止對日索賠,賠償工作進入尾聲。

　　此外,在盟軍總司令部還設有賠償技術顧問委員會。該會於 1947 年 4 月
設立,由 11 國賠償歸還代表團的首席代表組成,其職權為以顧問地位在技術
與行政方面協助盟總執行賠償拆遷工作,並解決各申請國間分配賠償設備時
所發生之爭執。1947 年 5 月 21 日,盟總以第九號通令公佈《賠償技術顧問委

〔註15〕〔日〕吉田茂著,韓潤棠、閻靜先、王維平譯:《十年回憶》(第一卷),世界
　　　　知識出版社 1963 年 12 月第 1 版,第 34～35 頁。

員會組織規程》，根據規程第四條之規定，該委員會主席由盟總賠償組組長哈里遜準將兼任，〔註16〕國民政府代表爲吳半農。1947 年 6 月 2 日賠償技術顧問委員會舉行首次會議，之後每兩星期例會 1 次；自 1949 年 1 月改爲每月 1 次，至是年 9 月共開會 50 次，主要討論先期拆遷賠償方案的重要原則和方法。

　　1948 年 3 月，美國政府提出並經遠東委員會認可，擬成立在盟總領導下的劫物歸還顧問委員會。4 月，盟總發佈第五號通令，對該委員會的職責和組成辦法作了規定，每一盟國派代表 1 人參加，一切案件須經多數代表表決通過始成爲建議案，然後可向盟軍總司令部提出，以供參考研究。該委員會於1948 年 4 月 29 日召開首次會議，嗣後每月開會 2 次，後又改爲每月開會 1 次，至 1949 年 9 月，共例會 21 次。該委員會只是有關劫物歸還事項的咨詢機構，並無表決權。

二、國民政府主管部門及駐日機構

（1）外交部及行政院賠償委員會

　　早在抗戰期間的 1938 年 7 月，國民政府行政院就已經制定和頒佈了《抗戰損失調查辦法》和查報須知。1944 年 2 月 5 日，行政院成立抗戰損失調查委員會，由翁文灝等七位常務委員組成。1945 年，該會改隸內政部，成立內政部抗戰損失調查委員會，主任委員由內政部部長張厲生兼任。1945 年 11 月，爲推進對日索賠工作，內政部抗戰損失調查委員會更名爲賠償調查委員會，重新隸屬行政院，主任委員爲蔣夢麟。上述機構的主要工作主要偏重於我國抗戰損失的調查。1946 年 10 月 1 日，爲求得與國際賠償委員會名稱相符，又將賠償調查委員會更名爲賠償委員會。賠償委員會除繼續辦理抗戰損失調查外，主要辦理賠償歸還物資的接受、運輸、處理等事宜。（具體參見第一章第一節）

　　行政院賠償委員會爲利於在日辦理賠償及歸還物資之調查、申請、接受、拆遷等事宜，1947 年 6 月的三次會議決議通過在日設立日本賠償及歸還物資接收委員會，同時並建議在國內設立日本賠償歸還物資督運委員會，辦理運輸事宜。1948 年春，賠償委員會因歸還工作逐漸展開，爲辦理歸還物資之接

〔註16〕 參見《在日辦理賠償歸還工作綜述》（附件三），中華民國駐日代表團編印，沈雲龍主編：《近代中國史料叢刊續編》710 輯，臺北：臺灣文海出版有限公司印行 1980 年版。

收、運回、保管、審核發還、估價、標售等事務，會同外交部擬具《日本歸還被劫物資處理原則》和《日本歸還物資處理委員會組織規程》，呈經行政院1948 年 3 月第四十五次院會議決修正通過，歸還物資處理委員會於是於同年4 月 26 日遵照組織規程成立。以上根據賠償委員會議決成立的三個委員會，除接收委員會係駐日機構，在行政系統上隸屬駐日代表團，而在職權之行使上仍受賠償委員會指導外，督運委員會及處理委員會皆設於國內，直屬賠償委員會。〔註17〕

　　1946 年 3 月，盟國對日委員會第一次會議即將召開，國民政府成立了盟國對日委員會中國代表團，該團同時兼理外交、軍事、經濟及賠償各項事務。爲了劃定該代表團與外交部的關係，國民政府在 1946 年 3 月 20 日的代電中作了明確規定：盟國對日委員會，開會期近，該會我國代表團兼理外交、軍事、經濟及賠償各項事務，性質頗爲複雜，關於指導系統、人事、經費各項，茲核定指令數點如次：一、對於該團之一般的指導由外交部擔任，有必要時，由外交部召集軍令軍政經濟等有關部會會商決定之。二、關於在盟國對日委員會所提出之各種議案及其他有關外交保僑之事項，該團應受外交部之指導。關於軍事事項，應受軍令部之指導。關於賠償事項，應受行政院賠償委員會之指導，惟爲避免訓示之相互出入，與政策之一貫起見，軍令部及賠償委員會之指示，以經由外交部轉發爲原則。三、關於人事、經費等事項，應受外交部之指導。各部會如派遣人員臨時參加該團工作，應向外交部接洽。四、該團向國內報告，應以由外交部彙轉爲原則。但過緊急時，逕向關係部會報告，但仍分呈外交部備案。五、我國駐盟軍總部各機關代表，除派赴遠東國際法庭推事及陪席檢察官外，均統轄於該團之內，受該團團長之指導。〔註18〕

（2）駐日代表團第三組及中國賠償歸還代表團

　　在盟軍佔領日本期間，我國在日外交事務由我國駐日代表團負責辦理。其中駐日代表團第三組主要負責有關經濟之事項，所有賠償歸還事務，在未專設機構前，皆由第三組主管。

〔註17〕《在日辦理賠償歸還工作綜述》，中華民國駐日代表團編印，沈雲龍主編：《近代中國史料叢刊續編》710 輯，臺北：臺灣文海出版有限公司印行 1980 年版，第 12 頁。

〔註18〕《我國參加盟國對日委員會代表團分別指定外交等部爲指導机關》，中國第二歷史檔案館館藏檔案，全宗號：2－（2）；案卷號：2260；縮微號：16J－1620。

1946 年秋，美國政府爲便利在日賠償歸還工作起見，根據盟總之建議，邀請各國在日設立一個駐日五人代表團，負責辦理本國的對日賠償和劫物歸還事務。此建議經遠東委員會認可後於 1947 年 2 月以 FEC－203 號文件發表。根據該文件，遠東委員會各會員國有權在東京各設立一正式之賠償歸還代表團，代表該國政府向盟總接洽執行有關賠償及歸還事務，但不在盟總統屬之下。代表人數應爲五人。此外各國可以設技術及事務佐理人員，但其人數不得超過二十人。1947 年 5 月，各盟國應約相繼派定各自代表，盟總於是正式將代表團定名爲某國賠償歸還代表團（Reparations and Restitution Delegation）。

在國民政府方面，1947 年 2 月 11 日，當時的國民政府行政院院長宋子文向蔣介石呈報了參加對日賠償五人小組人選的代電，該代電的內容如下：「關於國防部請派陸、海、空軍各一人，參加處理日本賠償歸還物資事宜之五人小組一案，遵與有關機關會商，決派資源委員會駐美總代表惲震、國防部兵工署副署長李侍琛、交通部鐵路總機廠總廠長王樹芳、資源委員會中央造船廠廠長周茂柏、經濟部上海工商輔導處技正薛明濟等五人爲代表，組設五人小組，並指定惲震爲首席代表。惟爲辦事便利起見，並先指定定該員等爲駐日代表團專門委員，再由該團制定該員等組設五人小組在盟軍總部工作，除指令遵照外，謹請鑒查。」〔註 19〕後因惲震另有任務，於 3 月 5 日改派吳半農爲首席代表。7 月，依照盟總規定，五人小組定名爲中國賠償歸還代表團。同時，薛明濟因故未能赴任，改派唐崇禮爲代表；1948 年 5 月。周茂柏辭職，由邵逸周（鞍山鋼鐵公司總經理）接替。

中國賠償歸還代表團之代表，除首席代表吳半農係駐日代表團第三組組長兼任外，其他代表皆係與賠償歸還業務關係較密切之各部會薦派爲駐日代表團第三組之職員所兼充。其他技正及事務佐理人員亦係第三組職員及有關部會在該組工作之臨時人員所擔任。故中國賠償歸還代表團成立後，不過爲一對外機構，以符合盟總之規定；其在內部，一切有關賠償歸還之事項在賠償及歸還物資接收委員會成立之前，仍由駐日代表團第三組主辦。1947 年 6 月設立日本賠償及歸還物資接收委員會，其成員即爲五人代表團成員，只是兩塊牌子、一套班子，根據需要，在涉及對外交涉時，用賠償歸還代表團名

〔註 19〕《蔣主席批宋子文院長呈報參加對日賠償五人小組人選代電》，秦孝儀主編：《中華民國重要史料初編──對日抗戰時期》第二編《作戰經過》（四），中國國民黨中央委員會黨史委員會編印，1981 年臺北版，第 93 頁。

義進行；而在負責辦理內部事務時，則使用賠償及歸還物資接收委員會的名義。

三、日本政府辦理賠償的機構

1945 年 8 月末，在盟軍進駐日本之前，日本外務省設立終戰聯絡中央事務局，同時在箚幌、仙臺、橫濱、橫須賀、千葉、名古屋、大阪、京都、高松、神戶、福岡、熊本、佐世保等地設立了終戰聯絡地方事務局，並在其他各地設立了辦事處，擔任同各該地佔領軍與地方民事處的聯繫交涉工作。〔註20〕因此在 1946 年 1 月辦理賠償事務之初，有關賠償事務主要由日本終戰聯絡中央事務局所屬的經濟部工商科負責辦理，同時，該局的地方事務局亦兼辦賠償事務。1946 年 11 月，因賠償事務逐漸增加，工商課遂自經濟部獨立而改組為賠償部，仍屬終戰聯絡中央事務局管轄。

1948 年，日本賠償已經進入開始實施階段，並且終戰聯絡事務局亦將改組為聯絡調整事務局，2 月，日本政府決定設立直屬內閣的賠償廳。日本政府設立賠償廳的主要目的在於對盟軍總部辦理承轉事務，至於指供賠償之工廠的保管則仍由日本政府有關機關分別負責辦理。1948 年 7 月，日本政府根據盟軍總部第一八九四號指令，將各機關之主管範圍正式劃分如下：1、大藏省主管陸海軍兵工廠與陸海軍研究所，2、運輸省主管民營造船廠，3、商工省主管民營飛機廠與民營軍需工廠，4、文部省主管各科學研究所。〔註21〕以上主要為有關保管事務之分工。關於拆遷事務之分工，因拆遷範圍實際上僅限於兵工廠，大藏省既負管理兵工廠之責，故監督拆遷之主要任務由該省擔任。商工省則擔任拆遷所需器材之調度；運輸省則擔任拆卸後賠償機器之運輸，此外，內閣之特別調達廳則擔任拆遷工程之招標、訂約等實際事務。

此外，在劫物歸還方面，1946 年 4 月 19 日，盟總為調查在日之盟國被劫資產起見，對日頒發《調查與集合劫取物資》命令，日本政府於是在終戰聯絡中央事務局政治部內設特殊財產課，遵照辦理。1948 年 2 月，因該局改組為聯絡調整事務局，特殊財產課與經濟部的總務課合併成立特殊財產局，隸

〔註20〕 〔日〕吉田茂著，韓潤棠、閻靜先、王維平譯：《十年回憶》（第一卷），世界知識出版社 1963 年 12 月第 1 版，第 36 頁。

〔註21〕 《在日辦理賠償歸還工作綜述》，中華民國駐日代表團編印，沈雲龍主編：《近代中國史料叢刊續編》710 輯，臺北：臺灣文海出版有限公司印行 1980 年版，第 16 頁。

屬外務省，負責辦理劫物歸還的具體事宜。特殊財產局的任務完全爲辦理盟總之民間物資保管組賠償以外之飭辦事件。其組織計分四課。第一課執掌有關特殊財產一切事務之綜合與調整，及對盟總與國內各官廳之聯絡等事務。第二課主辦劫物之沒收、保管、與實行歸還等事務。第三課主要擔任劫物之調查，兼管軸心國在日財產與無形資產如外國版權與特許權等事務。第四課管劫物之財產目錄。特殊財產局辦理劫物之歸還，一切須秉承盟總民間物資保管組之命令。該組之重要命令與日本政府正式文件均經聯絡調整事務局傳達該局；但關於劫物之接觸事務，該局第一課得直接向盟總申請。第二組擔任之歸還實施事務實際上由該局指定之太陽商社辦理。對於劫物，該課僅擔任民間藏物之沒收與保管，政府所有之劫物在歸還前仍由原機關負責保管。關於第三課主管之民間劫物之調整事務，該局得經由中央有關各省指揮及監督地方機關執行。〔註22〕

　　通過以上戰後盟國、國民政府及日本政府處理日本賠償問題機構設置及其沿革的歷史考察，我們可以發現，在戰後日本賠償問題上，雖然遠東委員會名義上是戰後處理日本問題的決策機構，但實際上掌握處理日本問題決策權的還是美國政府及其掌控下的盟軍駐日總司令部。由於遠東委員會採取了大國否決權的方式，也就是說任何決議案的通過，不需要全體同意，只要包括四大國（中美英蘇）在內的多數代表同意即可。從另外一個角度來看，只要美國、英國、蘇聯和中國這四個國家中任何一國使用否決權，就能阻止任何一項對日決策的通過〔註23〕。通過這一程序，美國可以保證只有經過其同意的那些政策才能在遠東委員會獲得通過，並且美國政府還擁有繞過遠東委員會以直接向駐日盟軍總司令麥克阿瑟頒發臨時指令的形式來執行其對日政策的權力，此後的「先期拆遷賠償」正是這一政策的產物。至於設在東京的盟國對日委員會，則更形同虛設。並且在任何情況下，其一切行動均須聽命並通過最高統帥。在國民政府方面，爲了盡可能早日從日本獲得賠償，國民政府設立了賠償委員會、中國駐日代表團、中國賠償歸還代表團等機構專門處理戰後日本戰爭賠償問題，但這些機構也只是具體的執行機構，並不具有

〔註22〕《在日辦理賠償歸還工作綜述》，中華民國駐日代表團編印，沈雲龍主編：《近代中國史料叢刊續編》710輯，臺北：臺灣文海出版有限公司印行1980年版，第21頁。

〔註23〕《國際條約集（1945～1947）》，世界知識出版社1959年版，第120～125頁。

處理日本賠償問題的決定權。在日本方面，雖然日本政府先後設立賠償部，賠償廳，大藏省，商業、運輸及本部省和特別財產課及外務省特殊財產局等機構來處理戰爭賠償問題，但日本的這些機構基本上都是應盟總要求而設立，並且隨著美國對日政策的轉變而在具體職能上也有所變化，同時由於日本政府在戰後賠償問題上採取抵制的政策，在具體工作中往往並不積極，拖延、應付現象時有發生。但從另外一個角度來看，通過對戰後日本賠償處理機構的設置及其沿革歷史的考察，有助於我們更好地瞭解戰後日本戰爭賠償問題的實質。

第二節　戰後盟國對日賠償政策的制定及其實施

　　在瞭解戰後對日戰爭索賠工作機構的沿革與概況後，我們再來分析一下戰後盟國對日政策的制定及其實施情況。1937 年 7 月，日本發動全面侵華戰爭，1941 年繼而發動太平洋戰爭，給遠東各國人民造成巨大傷害，中國人民更是深受其害。爲了對抗日本法西斯，在太平洋戰爭爆發後，中、美、英、蘇等國結成了反法西斯同盟。所以抗日戰爭的勝利，不僅僅是中國對日作戰的勝利，而且也是同盟國的勝利。因此，在戰後的對日處置問題上，並非是中國一國可以決定的，它還取決於其他盟國的態度，尤其是戰後單獨佔領日本的美國的態度。本節試就戰後盟國對日賠償政策的制定及其實施情況作一分析。

　　早在抗戰過程中，美國政府就已經開始考慮戰後的對日政策，關於美國對日政策轉變與國民政府對日戰爭索賠的關係及其影響一直是學界探討國民政府對日戰爭索賠失敗原因的一個重要內容。〔註 24〕在瞭解戰後盟國對日賠

〔註 24〕美國作爲第二次世界大戰中反法西斯盟國的重要一員，對第二次世界大戰的
　　　勝利作出了巨大貢獻，鑒於美國與國民政府及日本政府的特殊關係，以及美
　　　國自身的影響，尤其是戰後美國對日政策的轉變對日本的戰爭賠償問題產生
　　　巨大影響，因此學界對此進行了大量的研究，得出的一個基本共識是：美國
　　　對日政策的轉變是國民政府放棄對日索賠的一個重要原因。就筆者所知今年
　　　來有關此一問題的專著主要有：於群的《美國對日政策研究（1945～1972）》，
　　　東北師範大學出版社，1996 年 8 月第 1 版；崔丕的《美國的冷戰戰略與巴黎
　　　統籌委員會、中國委員會（1945～1994）》，中華書局 2005 年 10 月第 1 版；
　　　韓永利的《戰時美國大戰略與中國抗日戰場》，武漢大學出版社 2003 年第 1
　　　版和資中筠的《美國對華政策的緣起和發展 1945～1950》，重慶出版社 1987
　　　年 6 月第 1 版。在論文方面主要有：翁有利的《美國與國民政府對日索賠問

償政策之前，首先得對美國戰後對日政策的構想及其形成作一分析，因爲在某種程度上美國對日政策直接決定戰後盟國對日戰爭賠償政策的方向，此外國民政府的對日戰爭索賠從政策制定、具體實施到最後放棄也都深受美國對日政策的影響。

　　1941 年太平洋戰爭爆發後，美國加入到世界反法西斯行列，並很快在盟國中起主導作用。就美國的整個對外戰略而言，此時美國仍將其原先制定的「先德後日」〔註 25〕作爲其全球戰略的核心，但在對日政策方面，美國開始加強對中國的援助，希望借助中國牽制日本，使其陷入中國戰場而不能向太平洋地區深入，從而減輕日本對美國利益的威脅。爲此，在經濟上，從 1941 年 3 月至 1945 年 9 月 2 日美國供向中國提供了 8.7 億美元的援助。〔註 26〕同時在軍事上，美國派遣大量軍事代表團到中國幫助國民政府整編軍隊，並無償提供槍支彈藥武裝國民黨軍隊。但在這一時期，除了軍事上的作戰計劃以外，美國總體上的對日政策依然處於模糊狀態。隨著戰爭形勢的變化，特別是當德意日法西斯集團敗局日益明顯後，美國戰後對日政策的輪廓也逐漸清晰起來。〔註 27〕1944 年 1 月，美國國務院設立了戰後計劃委員會，專門負責美國戰後對德、對日政策的制定。1944 年 4 月 17 日，該委員會在一份 PWC －110a 號文件中首先提出了戰後美國要對日實施軍事佔領的目標。5 月 4 日，該委員會又頒佈了美國戰後對日政策的第一個計劃藍本，這就是名爲「美國對日目標」的 PWC－108b 號文件。在該文件中美國明確了戰後對日政策的基

題淺議》，《松遼學刊》2000 年第 3 期；崔丕的《美國關於日本戰爭賠償政策的演變》，《歷史研究》1995 年第 4 期；戴超武的《美國的政策與戰後日本戰爭賠償問題》，《蘭州學刊》1994 年 6 期；張克福的《美國對戰後日本戰爭賠償政策的影響及其後果》，《新鄉師範高等專科學校學報》2000 年第 3 期；陳耀華的《美國關於戰後日本戰爭賠償政策的演變及其影響》，《玉林師範學院學報》2002 年第 1 期；趙文亮的《美國遠東政策與日本的戰爭賠償》，《鄭州大學學報》2000 年第 4 期；陳從陽的《美國遠東政策之嬗變與日本的戰爭賠償》，《咸陽師專學報》1997 年第 4 期；胡德坤、徐建華的《美國與日本戰爭賠償方式的演變》，《武漢大學學報》2002 年第 4 期。

〔註 25〕韓永利著：《戰時美國大戰略與中國抗日戰場》，武漢大學出版社 2003 年第 1 版，第 35 頁。

〔註 26〕王正華著：《抗日戰爭時期外國對華軍事援助》，臺灣環球書局 1987 年版，第 307 頁。

〔註 27〕於群著：《美國對日政策研究（1945～1972）》，東北師範大學出版社 1996 年第 1 版，第 8 頁。

本目標：（1）使日本不再成為美國及太平洋地區各國的威脅；（2）為了美國的利益，將在日本建立尊重別國權利和日本國際義務的政府。〔註 28〕戰後計劃委員會的政策奠定了美國戰後對日政策的雛形。此後不久美國成立國務院、陸軍部和海軍部協調委員會（SWNCC，簡稱「三部協調委員會」），以實現對日政策研究的一體化。1944 年 12 月 7 日三部協調委員會經過討論基本認同了戰後計劃委員會在「美國對日目標」中確立的對日基本原則，並將其修改稿作為三部協調委員會 SWNCC16 號文件發表，成為美國戰後對日政策的第一個正式的官方文件。1945 年 2 月 7 日，日本戰敗已成定局，為了明確美國內部各部門在日本投降時和投降後的職責與權限，並協調美國與其他同日本作戰盟國間的行動，美國三部協調委員會頒佈了題為「日本無條件投降」的 SWNCC21 號文件。該文件包括 5 個附件草案：（1）「日本天皇投降公告」；（2）「日本無條件投降書」；（3）由聯合國家武裝部隊總司令簽發的「第一號公告」；（4）由聯合國家武裝部隊總司令簽發的「總命令第一號」；（5）由聯合國家武裝部隊總司令簽發的「總命令」。〔註 29〕但該文件主要是從軍事方面來規定日本無條件投降的具體條款，有關戰後對日軍事管制以及日本天皇地位問題尚未涉及。

　　在盟國方面，1943 年 11 月，美、英、中三國首腦舉行了開羅會議，會議討論和通過了領土歸還、天皇制、盟國對日軍事佔領、朝鮮獨立等有關戰後對日本的處置問題，宣佈：「三大國此次戰爭之目的，在於制止和懲罰日本侵略。」〔註 30〕但對日本的戰爭賠償還沒有做出明確的規定。1945 年由中、美、英三國發表的《波茨坦宣言》第一次明確了日本賠償的原則。該宣言第 11 條規定：「日本將被許維持其經濟所必需及可以償付實物賠償之工業，但可以使其重新武裝之工業不在其內，為此目的，可准其獲得原料，以別於統制原料。」〔註 31〕但該規定對日本工業設備中哪些作為賠償，哪些可以保留，沒有作明確的規定，並且對日本維持其經濟所必需的標準也沒有明確的規定，這就給

〔註 28〕 於群著：《美國對日政策研究（1945～1972）》，東北師範大學出版社 1996 年第 1 版，第 9 頁。

〔註 29〕 《美國對外關係》1945 年，第 6 卷，美國政府印刷局 1974 年版，第 521～529 頁。

〔註 30〕 秦孝儀主編：《中華民國重要史料初編——對日抗戰時期》第三編《戰時外交》（三），中國國民黨中央委員會黨史委員會編印，1981 年臺北版，第 547 頁。

〔註 31〕 〔英〕F.C.瓊斯、休博頓、R.B.皮爾恩著，復旦大學外文系英語教研組譯：《1942～1946 年的遠東》（下冊），上海譯文出版社，1979 年 2 月第 1 版，第 731 頁。

各國對此規定的解釋造成了歧議，也爲美國後來腰斬「先期拆遷賠償」計劃埋下了伏筆。

1945 年 8 月 13 日，在得到中英蘇三國的同意之後，美國總統杜魯門正式任命麥克阿瑟爲盟軍最高統帥，並指示他爲日本投降的細節作出適當安排，從日本無條件投降那一刻開始，天皇及日本政府統治國家的職權都將隸屬麥克阿瑟。也就是說，美國在戰後佔領日本時發揮著盟主的作用，握有佔領和處理日本問題的實權，操縱和包攬了日本賠償等事宜。當時的國民政府，雖然表面上躋身四強，坐上了四大國的交椅，但實際上所起的作用有限，只是美國的一個主要配角而已，在賠償問題上的發言權也是很有限的。

在日本投降後初期美國的對日賠償基本政策主要體現在 1945 年 9 月 6 日頒佈的《投降後初期美國對日政策》中，在該文件中，美國進一步明確了日本戰後賠償問題。該文件共分最終目標、盟國權力、政治方面、經濟方面四個部分。在最終目標部分，美國明確了處理日本的目的即：（1）保證日本不再變爲美國或世界和平與安全之威脅。（2）使其最後建立一和平與負責之政府，而該政府必須尊重他國之權利擁護由聯合國憲章中所反映之理想的美國目標。美國雖希望該政府遵守民主自治之原則，惟以人民自由意志所不擁護之任何政體加諸日本，並非盟國之責任。爲達到這一目標，主要通過以下途徑來實現，即：（1）日本主權必須依開羅宣言及美國所參加或可能參加簽訂之其他協定僅限於本州、北海道、九州、四國及可能予以指定之外圍小島。（2）日本必須完全解除武裝與廢除軍政。軍閥之權力及軍國主義之勢力必須在政治經濟及社會生活中完全消滅。含有軍國主義色彩及侵略精神之制度，必須受嚴酷之遏制。（3）日本人民將被鼓勵發展其個人自由之願望，並尊重基本之人權，尤以宗教、集會、言論及新聞自由爲最，渠等並將被鼓勵以建立民主的代議政體。（4）日本人民將給予機會發展一種可以滿足平時需要之經濟。〔註32〕從上述美國對日目標及其實現途徑來看，我們可以發現，美國政府在制定戰後對日政策時充分考慮了戰後日本的國情，照顧了日本人民的感情，同時注重以美國式的民主政治改造日本，體現了美國「把自由社會的理想傳播到全世界」〔註33〕的使命感。在該文件的第四部分第四條中，

〔註32〕　《美國對日投降後各項初步政策之聲明全文譯稿》，中國第二歷史檔案館館藏檔案，全宗號：18；案卷號：3085。

〔註33〕　〔美〕布·C.丹尼著：《從整體考察美國對外政策》，世界知識出版社 1988 年中譯本，第 70 頁。

美國對戰後日本的賠償及劫物歸還問題作了詳細說明:「(四)賠償與歸還

賠償——日本侵略之賠償,將以:

(1)日本現有領土以外所置之產業,經盟國當局決定時以讓與之方式實行之。

(2)日本的和平經濟所不需要或供應佔領軍不必要之貨物現有資金器具與設備以讓與之方式實行之。貨物之出口,除為交付賠償或歸還原主外,僅限於收受貨物者允以必要進口貨物為交換或允以外匯收買之條件下行之。任何賠償之要求,均不得阻礙或牴觸解除日本武裝之計劃。

歸還——日本應將一切可辨別之掠奪物品,全部迅速歸還原主。〔註34〕

美國的這一文件後來提交給遠東委員會討論,在此基礎上遠東委員會於 1947 年 6 月 19 日修正通過,形成了《盟國戰後對日基本政策》。此一政策係根據波茨坦宣言並擴充美國對日政策而制定。其最終目的在於確保日本不再成為世界和平與安全之障礙並盡早成立一民主的和平的政府。此政策廣泛規定管制日本之一切基本原則,舉凡政治的以及經濟的管制原則無不包括在內。〔註35〕關於賠償及劫物歸還問題該政策作了如下規定:「賠償:為公平賠償各盟國因日本侵略行為而受之損害,為摧毀日本工業中足以引起重整軍備之日本戰爭潛力起見,根據遠東委員會所訂之政策及參考條件,此項賠償,應以移諸日本現存資產設備及設施,或現存及將來生產之貨物,取之日本賠償應不妨礙日本解除軍備計劃之實施,並不損及支付佔領經費與維持人民最低限度之生活標準。各國自日本總賠償額中之分配額,應從廣大政治基礎決定,並對各要求國因日本侵略結果所受物質破壞,人民死傷及所受損害之範圍,加以適當考慮,並應顧及各國對擊敗日本之貢獻,包括抵抗日本侵略之程度與期間。歸還:凡被掠奪強買或以無價值通貨支付之一切可辨財產,應完全迅速歸還。」〔註36〕

〔註34〕《美國對日投降後各項初步政策之聲明全文譯稿》,中國第二歷史檔案館館藏檔案,全宗號:18;案卷號:3085。

〔註35〕《在日辦理賠償歸還工作綜述》,中華民國駐日代表團編印,沈雲龍主編:《近代中國史料叢刊續編》710 輯,臺北:臺灣文海出版有限公司印行 1980 年版,第 1~2 頁。

〔註36〕《關於遠東委員會工作報告對日基本政策等文件》,中國第二歷史檔案館館藏檔案,全宗號:18;案卷號:2911。

　　1945 年 11 月，即在遠東委員會正式成立的前一個多月，美國政府在發給盟軍最高統帥的有關佔領和管制日本的《投降後初期基本指令》中對日本賠償的途徑作了更爲明確的規定：「（二十八）你應依據參謀長聯席會議轉達給你的由盟國有關當局作出的決議，保證執行以實物賠償的計劃和歸還業已證明的掠奪物的計劃。實行賠償的途徑是：（1）轉讓日本所保留領土以外的土地上的日本財產。（2）轉讓日本國內的對實施日本和平經濟或供應佔領軍來說並非必要的貨物、現存的成套設備、裝備和設施。凡是你所接到的由日本侵略損害的各聯合國家提出的要求賠償和歸還掠奪物的申請書，都應加上你的建議，向參謀長聯席會議彙報。」〔註37〕

　　根據波茨坦宣言和盟國戰後對日基本政策，我們可以發現戰後盟國對日本的戰爭索賠有兩個特點：（1）盟國不向日本索取賠款，而只令其以工業設備和實物充賠；（2）盟國向日本索取賠償設備時，必需顧到日本在戰後能夠維持一個合理的平時經濟生活水平。〔註38〕應該說，這一賠償政策充分考慮了日本國內的實際情況，具有人性化的特徵，但這一政策也存在一些明顯的缺陷。美國的這一政策基本上是以日本利益爲出發點，對於作爲受害國的盟國的利益考慮較少。

　　儘管戰後盟國對於日本的戰爭賠償做了許多規定並且制定了一系列政策，但縱觀這些政策的內容，我們可以發現這些政策存在許多含糊和不足之處。首先，放棄貨幣賠償而取以實物賠償的政策，增加了執行的難度，同時對於實物賠償也沒有一個明確的標準可以依賴，這就爲日本逃避賠償開了方便之門。其次，主導賠償的盟主──美國的對日賠償政策存在一個不斷變化的過程，使得其政策不能貫徹始終。再次，遠東委員會各國出於各國的國家利益的考慮，在一些具體細節問題上糾纏不休，使得盟國對日戰爭索賠政策的出臺相當困難，並且執行起來也是一波三折。

〔註37〕〔英〕F.C.瓊斯、休博頓、R.B.皮爾恩著，復旦大學外文系英語教研組譯：《1942～1946 年的遠東》（下冊），上海譯文出版社，1979 年 2 月第 1 版，第 782 頁。
〔註38〕吳半農著：《有關日本賠償歸還工作的一些史實》，中國人民政治協商會議全國委員會文史資料研究委員會編：《文史資料選輯》，第七十二輯，中華書局1980 年 12 月第 1 版，第 222 頁。

第三章　賠償局勢之演進及「先期拆遷賠償」方案的出臺

第一節　賠償局勢的最初發展

　　在戰後日本賠償問題上，《波茨坦宣言》和《盟國戰後對日基本政策》只是作了原則性規定，但是到底如何實施還有待各盟國間繼續討論。遠東委員會成立之後，此一問題便成為遠東委員會的主要議題。由於戰後盟國對日索賠主要採取實物賠償的方式，因此關於賠償問題，首先必須解決的便是賠償物資的範圍與數量。為了早日決定日本應保留之工業水準，從而確定國內工業設備提充賠償之範圍與數量起見，早在 1945 年 11 月美國總統杜魯門便派鮑萊（Edwin Wendell Pauley）為賠償專使，赴日調查日本經濟實況。此後美國政府又先後派遣了斯揣克（又譯作斯特賴克）（Cliff Strike）代表團和德雷珀（Draper）代表團赴日調查，每次調查後都發表相應的調查報告，反映美國政府對日政策的轉變。本節試就鮑萊報告及其鮑萊報告發表後國民政府的最初對日要求作一介紹。

　　美國政府在 1945 年 9 月 22 日公佈的《戰後初期美國對日政策》中規定了日本賠償的具體方式。這就是：日本保存在其領土外的所有財產，應該按照有關盟國當決的決定移交；除維持和平的日本經濟以及對佔領軍的供應所必需的物資和設備以外，其餘一律拆遷〔註1〕。為實施這一計劃，1945 年 11

〔註 1〕崔丕著：《美國的冷戰戰略與巴黎統籌委員會、中國委員會（1945～1994）》，中華書局 2005 年 10 月第 1 版，第 155 頁。

月，在遠東委員會尚未成立之前，美國總統杜魯門便派鮑萊爲賠償專使，率領一個工作團赴日實地考察日本經濟狀況，以便確定日本國內的工業設備哪些可以用作賠償。而杜魯門委派鮑萊擔任這一重要職位的原因之一，是因爲他早在 1945 年 4 月便已經奉命研擬敵國戰後賠償的方案，並於是年 9 月經過對德實地考察後，草擬了德國賠償研究報告遞交總統。

鮑萊到日本後經過一個多月的考察，於 1945 年 12 月 7 日珍珠港事變紀念日，提交了他的第一份報告，即臨時報告（interim report），對日本賠償問題提出如下意見：（1）促使日本賠償之目的在使日本軍國主義不能復活，且使將來日本經濟安定，政治民主化；（2）過去日本發展工業之目的幾度偏重軍備之擴張與戰爭力量之養成，戰時工業雖受相當損失，但現存生產能力仍超過日本人民和平生活之需要甚多；（3）此時拆遷日本剩餘工業設備爲解除日本經濟武裝之必要措施，且非完全否定日本工業之應維持，對於日本人民無害而有利，對於受償之日本鄰國則可幫助發展其工業，造成東亞國際間經濟均勢，以免再起日本侵略之野心；（4）爲促進最終賠償方案之制定起見，應根據上述見解及此次調查所得，先行制定臨時方案，以便早日拆遷，該報告的目的即在建議此項臨時方案；（5）爲配合解散財閥政策起見，財閥所有工業設備應優先拆遷。〔註 2〕

鮑萊臨時報告中所建議拆遷之工業種類與數量如下：（1）工具機製造能力之一半；（2）陸海軍兵工廠全部；（3）飛機工廠全部；（4）軸承廠全部；（5）造船廠二十所；（6）超過年產二百五十萬噸之鋼鐵生產能力；（7）火力發電所之一半；（8）接觸法硫酸工廠全部，但除去附屬金屬精鍊工廠者；（9）曹達灰工廠四所最新式之一所，電解苛性曹達工廠四十一所中之二十所；（10）輕金屬工廠全部（處理肥料之設備除外）。

此外鮑萊還主張日本國外資產應全部充賠，並特別強調國內賠償設備必須迅速拆遷。如此可免擱置而致受損，且可使日人確知保留之生產設備之範圍與數量，以便迅速計劃恢復平時生產，又可免曠時太久，戰爭印象沖淡，致本係潛在作戰力量之設備被人誤作平時生產工具，拆遷時發生反感。

鮑萊臨時報告立論嚴正，拆遷計劃大致亦尚合理；提交美國總統杜魯門

〔註 2〕《在日辦理賠償歸還工作綜述》，中華民國駐日代表團編印，沈雲龍主編：《近代中國史料叢刊續編》710 輯，臺北：臺灣文海出版有限公司印行 1980 年版，第 23～24 頁。

後，旋經美國政府加以研究，提交遠東委員會討論，成為該會制定臨時賠償計劃之藍本。

鮑萊於 1945 年 12 月提出臨時報告後，仍留一部分輔助人員在日繼續調查研究。1946 年 4 月 1 日鮑萊擬定最終報告，經美國外交、陸軍、海軍三部聯絡委員會審查並簽具意見後，呈送美國總統杜魯門。在該報告中，鮑萊提出了「日本戰爭賠償與日本貿易發展方向、亞洲經濟復興三位一體化」的基本方針。鮑萊指出：明治時代以來，日本軍國注意的發展具有兩個鮮明的特點：缺少原料和擴大軍事工業。為了確保原料來源，日本走上了侵略鄰國的道路；為了保證軍事工業的發展，強制徵收重稅、限制民眾的消費水平，重化學工業成為軍國主義的重要基礎。鮑萊還指出：應該限定「戰利品」的範圍只包括武器，優先拆遷財閥企業的設備，將日本出口規模限定在滿足最低進口需要的範圍以內。把民眾從維持軍事侵略的重稅之下解放出來，日本出口生產應該是與戰爭無關、只能利用國產原料的勞動密集型生產，如紡織、陶器、紙張、玩具。〔註3〕

根據以上的原則，鮑萊對日本工業准許保留數額與提供賠償數額，作了如下的具體的建議：

（1）鋼鐵──日本煉鋼的生產能力，應限制為年產銑鐵 500000 公噸，鋼塊 2250000 公噸，輾鋼應限制為年產 1500000 公噸。因此，日本每年尚須自國外輸入銑鐵 1000000 公噸，失去發展軍需工業的條件。於是日本可供賠償的鋼鐵生產能力，計吹爐設備 5000000 公噸，電爐設備 3000000 公噸，平爐設備 6000000 公噸，輾機設備 6000000 公噸。

（2）工具機──為減低日本作戰潛力，工具機僅准保留 175000 座，每年生產的新工具機不得超過 1000 座。拆充賠償的工具機共為 600000 座。

（3）造船──日本商船裝載噸位，每艘不得超過 5000 噸，最高航速不得超過 12 海里，總噸位不得超過 1500000 噸。可供賠償之用者，計為商船 114 艘，每艘均為五千噸或五千噸以

〔註3〕 崔丕著：《美國的冷戰戰略與巴黎統籌委員會、中國委員會（1945～1994）》，中華書局 2005 年 10 月第 1 版，第 156 頁。

上者，總噸位爲 869000 噸。船廠除以 30 至 40 個拆充賠償外，准日本保留大廠 10 個小廠 12 個。同時對日本所保留的商船航線，也加以限制，即以 125000 噸航行日本各島間，以 125000 噸航行朝鮮北部及庫頁島，以 125000 噸航行大連朝鮮臺灣及中國。

（4）鐵路——准日本保留年產車輛 220 輛，客車 800 輛，貨車 4800 輛，可供賠償者計蒸氣機機車 900 輛，電氣機車 70 輛，貨車 30000 輛。並可撤去鐵道工廠若干家，以供賠償，其年產能力爲機車 850 輛，客車 11200 輛，貨車 7600 輛。

（5）鋁及鎂——此兩種爲製造飛機及坦克的基本輕工業，應全部拆除。

（6）化學工業——此類基本戰爭工業，應限制其僅能製造爲生產國內食糧所急需的肥料。以免日本依賴太平洋地區的磷礦輸入。

（7）發電廠——日本現有火力發電廠 282 個，共有發電量 4000000 千瓦。將以其中 140 廠，發電量 2000000 千瓦，拆供賠償。此外日本尚有水力發電廠 1507 個，發電量 6000000 千瓦，拆除數目，尚待再行調查決定。惟日本食鹽缺乏，必須應用一部分電力自海水蒸取食鹽。

（8）人造汽油廠——製肥料之五個煉油廠僅拆除一部分。此外，每日生產 40000 桶以上的煉油廠及貯油超過 10000000 桶的貯油池，均拆供賠償。

（9）銅——年產精銅 15000 噸，軋銅加 5000 噸的設備均應拆供賠償。

（10）鎳——所有鍛鍊設備，全部拆除。

（11）樹膠——人造樹膠廠 8 個，全部拆除賠償，但現存樹膠應免充賠償。

（12）硝酸——僅准保留年產 2500 噸的設備，其餘約 240000 噸的設備，悉予拆除。

（13）燒鹼——僅准保留年產 300000 噸的設備，其餘 450000 噸的設備，悉予拆除。

（14）蘇打灰——僅准保留年產 300000 噸的設備，其餘 520000 噸的設備，拆供賠償。

（15）漁業——捕魚器材，免充賠償，以濟日本食用之需。但不准日本獨佔漁業或侵入中國朝鮮領海捕魚。

（16）紡織業——紡織方面，日本現存紡錘 2718000 錠，紡機 133000 架，但日本經濟上的需要為紡錘 3000000 錠，紡機 150000 架。不但免充賠償，還可再加擴充。繰絲廠也不作賠償，因需輸出絲製品以償付輸入之用。不過為增產食糧起見，不得過度增植桑樹。

（17）手工業——所有的手工業，包括採珠業，均不作賠償，且准許輸出。1935 年至 1939 年間，日本每年平均生產量價值為 1170000000 日元，1946 年產量價值為 1000000000 日元。

（18）陶磁業——不作賠償，日本每年生產量價值為 50000000 日元。

〔註 4〕

對於日本應保留之工業設備，最終報告比臨時報告縮減很多，但對於賠償設備則作了更廣泛而詳盡的規定。最終報告提交杜魯門總統後即由美國政府加以研究，但在對待最終報告問題上一些官員表示異議，認為對日本太過苛刻。並且此時遠東委員會已經根據臨時報告制定通過了若干臨時賠償方案，所以美國政府並未對最終方案採取任何行動來使之付諸實施，鮑萊的最終報告實際上成為一紙空文。1947 年 1 月，美國政府又派斯揣克前往日本調研，斯揣克經過調研後發表的意見與鮑萊大相徑庭。鮑萊遂於 1947 年 3 月辭去美國賠償特使的職務，後又於 1948 年 1 月辭去美國賠償顧問的職務。自此以後，美國政府對於日本賠償問題之態度日漸轉變，對日之寬縱袒護亦漸公開暴露。

由於波茨坦宣言對於日本工業設備何者應作賠償，何者應予保留，未作具體規定，在這一方面，各盟國之解釋亦不相同，以致產生爭議。就國民政

〔註 4〕張廷錚著：《論日本賠償問題》，亞洲世紀社編輯：《對日和約問題》，亞東協會出版，1947 年 11 月初版，第 128～130 頁。

府而言，其對此所持之立場分為軍事的與經濟的。軍事部分，中國亦如其他盟國，主張摧毀日本軍需工業，舉凡兵工事業、飛機製造、民營軍需工廠均應列為賠償物資，或予以徹底摧毀。經濟部分，因我國工業比較落後，與各盟國觀點稍有不同。我國主張日本重工業應以一九一四年為生產水準；輕工業，尤其紡織工業，必須列入賠償範圍，而由我國予以拆遷。〔註5〕在鮑萊赴日調查，草擬日本賠償方案之際，根據上述理由，並參酌國內工業情形，國民政府草擬了《中國要求日本賠償計劃》，以中國戰後急待建設之工業為中心，同時根據中國工業建設計劃之需要，提出了向日本要求工業設備拆遷充賠的種類和數量。即：

1、火力發電設備	120 萬千瓦
2、船舶	98.3 萬噸
3、鐵路車輛修理廠	年修機車 200 輛，客車 300 輛，貨車 2400 輛
4、鐵路車輛製造廠	年產機車 600 輛，客車 800 輛，火車 600 輛
5、鋼鐵冶煉廠	年產 240 萬噸
6、鋅冶煉廠	年產 5000 噸
7、鉛冶煉廠	年產 5000 噸
8、鋁冶煉廠	年產 5000 噸
9、工具機製造廠	（略）
（1）中型工具製造	年產 5000 套
（2）重工具製造	年產 2000 套
（3）小工具製造	年產 1650 萬件
10、鋼珠軸承製造廠	年產 200～300 萬件
11、鍋爐製造廠	年產 25 萬馬車
12、柴油機製造廠	年產 10 萬馬車
13、造船廠	年產 50 萬噸
14、汽車製造廠	年產客車 2.5 萬輛，普通車 5000 輛

〔註 5〕 行政院新聞局編：《日本賠償》，1948 年 3 月第 1 版，第 3～4 頁。

15、紡織機製造廠	年產紡錠 20 萬個，織機 1 萬部
16、工具機	20 萬件
17、電工器材廠	（略）
18、亞摩尼亞廠	日產 600 噸
19、硝酸廠	日產 200 噸
20、純鹼廠	日產 600 噸
21、燒鹼廠	日產燒鹼 210 噸，日產濾液 180 噸
22、橡膠廠	每年處理生膠 1800 噸
23、貯油池	10 萬噸

資料來源：《在日辦理賠償歸還工作綜述》，中華民國駐日代表團編印，沈雲龍主編：
　　　　《近代中國史料叢刊續編》710 輯，臺灣文海出版有限公司印行 1980 年版，
　　　　第 27～28 頁。

　　這是戰後國民政府的最初對日要求，從這個計劃中，我們可以看出國民政府當時對於對日戰爭索賠所抱的希望和心態。但此時遠東委員會還未就日本戰爭賠償達成決議，各盟國間還在爲日本海外資產是否列入賠償範圍還是將其作爲「戰利品」，各盟國的賠償分配比例以及日本應保留的工業水準等問題展開爭論，所以國民政府的這一最初要求，只能算是一廂情願，最終能夠實現多少實難預料。〔註6〕

第二節　遠東委員會各盟國的分歧及臨時賠償方案的提出

　　在具體實施拆遷賠償之前，首先必須對日本戰爭賠償的範圍及數量等問題作出明確規定。就戰後日本賠償物資之範圍而言，不外乎國內工作設備、船舶、金銀等貴金屬以及國外資產。但日本國外資產是否應計入賠償數額以內？國內工業設備提充賠償之種類與數量如何決定？各盟國間的分配比例如何確定？另外在確定國內工業設備拆充賠償時，日本平時工業水準應確定在什麼樣的標準之上，然後才能將超過這一標準的剩餘設備拆遷以供賠償。遠

〔註 6〕孟國祥、喻德文著：《中國抗戰損失與戰後索賠始末》，合肥：安徽人民出版社 1995 年 2 月第 1 版，第 212 頁。

東委員會成立後，各盟國開始就上述問題展開討論，但討論的結果卻是陷入相互間不停的爭論之中，致使日本賠償問題一直延而未決。本節試就遠東委員會成立後就上述問題展開的討論，臨時賠償方案的提出及其提出後國民政府的反映作一介紹。

戰後日本賠償的臨時賠償方案是美國政府在遠東委員會各盟國間就「戰利品」問題、賠償比額以及日本工業水準等問題爭論不決的情況下建議遠東委員會作出的，因此遠東委員會各盟國的分歧是臨時賠償方案提出的背景因素。戰後遠東委員會在上述問題上的分歧，反映了戰後各盟國對日賠償政策的差異以及各自從其國家利益所作出的考量。下面筆者分別就遠東委員會關於上述三個問題的爭議作一分析。

「戰利品」問題是日本國外資產問題的附帶產物。關於日本在國外的資產，在戰爭結束之後基本都被各盟國所接收。但這些物資是否應該計入接收國家應得之賠償分配額之內，在遠東委員會成立之後首先提出討論，但爭議多日並無結果，直接影響整個日本賠償問題的解決。1946 年 2 月 28 日蘇聯代表在遠東委員會提出意見，認爲該會的職權僅限於討論日本本土以內之問題，國外資產則不在討論範圍以內。蘇聯之所以提出這一觀點，是因爲蘇聯在戰後從我國東北地區拆遷了大量日本工礦企業及機器設備。

據國民政府外交部長王世杰在其日記中記載，1946 年 1 月 26 日，蘇聯大使向蔣主席提出新明示，稱日人在東北之企業而供關東軍使用者，應視爲蘇軍「戰利品」，中國政府認此爲中國所有爲無根據，不能生效。〔註 7〕其實早在 1945 年 11 月份，蘇聯便正式向國民政府提出中蘇聯合經營東北 80% 的重工業。1946 年 1 月，蘇聯又向中方提出總價值約 38 億日元的資產歸中蘇合辦的股份公司所有，合辦公司 11 個，在鋼鐵、非鐵金屬、水電、民用航空、北方煤炭五個公司中，蘇方占股 51%，董事長由蘇方擔任；在其他六個公司中，蘇方占股 49%，董事長由中方擔任。

對於蘇方的這個提議，蔣介石既不想同意又怕蘇聯延期撤兵，影響他對東北的接收，於是蔣介石一邊敷衍蘇聯，一邊向美國求援。這個時候，美國已經以絕對優勢兵力佔領了日本，美蘇冷戰也已經開始，爲了自己的利益，美國轉向支持蔣介石，並在提交中蘇兩國的備忘錄中，堅決反對中蘇合辦中

〔註 7〕 王世杰著：《王世杰日記》（手稿本），第五冊，中央研究院近代史研究所 1990
年 3 月第 1 版，第 252 頁。

國東北的工礦企業，中蘇談判因此而破裂。此後蘇聯政府立即下令：拆除東北的軍火庫、軍工企業和其他企業。在 220 多名蘇聯專家的監督下，蘇軍拆卸和搬走了價值約 8.58 億美元的機器設備和其他物資，據中國第二歷史檔案館館藏的《蘇軍從東北運走軍工儀器統計資料》顯示，其中重要的物資有：（1）大連甘井子火力發電所，發電量 9 萬千瓦的全部設備；（2）錦州阜新火力發電所，發電量 15 萬千瓦的全部設備；（3）撫順火力發電所，發電量 30 萬千瓦的全部設備；（4）佳爾木斯火力發電所，發電量 2 萬千瓦的全部設備，以及庫存的 2.5 萬千瓦發電機 3 部；（5）安東雞寧火力發電所，發電量 3.5 萬千瓦的全部設備；（6）小豐滿火力發電所，建設中的庫存 7 萬千瓦發電機 6 部；（7）客貨鐵路車輛 5 萬輛，瀋陽飛機製造廠、坦克製造廠，營口製鎂廠、煉油廠等全部設備；（8）收繳日軍飛機 925 架，坦克 369 輛，裝甲車 35 輛，驟馬 17497 匹、野炮 1436 門、機槍 8989 挺、投彈筒 11052 個、卡車 3078 輛、馬 104777 匹，補給車 21084 輛，特種車 850 輛，指揮車 287 輛。（9）一批糧食和日常用品。〔註8〕對於從中國東北獲得的這批物資，蘇聯希望將其作爲「戰利品」，而不是日本戰爭賠償物資，因爲一旦這批物資作爲賠償物資，那麼在日本國內賠償物資分配時，蘇聯自然要扣除其已經獲得的部分，從而在各國的賠償分配比例中佔據較少份額。

　　對於蘇聯不將日本國外資產列入賠償範圍的建議，英國代表表示如果日本國外資產處理問題不能解決，對於任何臨時賠償方案均不能同意。同時英國代表還主張遠東委員會各會員國應各將所接收之日本國外資產報告遠東委員會，作爲討論賠償分配率參考之用。英國代表之所以反對蘇聯建議，是因爲英國認爲蘇聯在中國東北各省與庫頁島等處接收的日本資產甚多，國民政府所接收的日本在華資產亦較多，因此應該在分配日本國內工業設備時在分配額內扣算。對此蘇聯代表認爲其在中國東北及庫頁島等處所接收的日本資產屬於蘇軍的「戰利品」，不應扣算作爲賠償物資。至此對日本國外資產問題的爭論開始轉向爲對「戰利品」的爭論，由於蘇英兩國代表觀點相左，對日該問題的討論陷入僵局。

　　那麼日本在國外的資產到底有多少，對此崔丕教授在他的《美國的冷戰戰略與巴黎統籌委員會、中國委員會》一書中作了統計。詳見下表：

〔註8〕轉引自：高平、唐芸、陽雨編著：《血債：對日索賠紀實》，國際文化出版公司 1997 年 5 月第 1 版，第 175 頁。

日本國外資產明細表

單位：億美元

地　區	法人資產 A	個人資產 B	國有資產 C	總計 D(A＋B＋C)	比例（％） E	陸海軍 財產 F
北朝鮮 南朝鮮	35.4	7.0	10.0	29.7 22.8	23	
庫頁島				4.1		
中國臺灣	10.6	2.5	5.9	19.0	7	
中國東北	72.5	11.6	2.2	86.3	42	
中國華北	23.7	4.3	0.9	28.8	13	
中國 華中、華南	14.9	2.9	0.6	18.5	9	
法屬 印度支那				0.3		
英聯邦地區				2.2		
荷屬地區				1.3		8.0
美國本土				0.9		8.3
菲律賓				1.3		
其他、總計 G	166.4	30.9	21.5	218.8	100.0	89.8

資料來源：崔丕著：《美國的冷戰戰略與巴黎統籌委員會、中國委員會》，中華書局 2005
　　年 10 月第 1 版，第 164～165 頁。

　　通過上表，我們可以發現日本在國外的資產主要集中在中國的東北及朝
鮮地區。對於日本在朝鮮的國外資產，美國曾經有過決定，即：「日本在韓之
財產或其等值，應予移交與聯合委員會代韓國人民與韓國將來之政府保管以
酬韓國曾在日人手中受難之人民並爲援助朝鮮之經濟使其能離日本而獨立。」
〔註9〕因此蘇聯從中國東北及庫頁島等地接收的日本國外資產便構成了盟國
接收日本國外資產的絕大多數，對此英國代表表示反對態度也是可以理解
的，因爲這涉及到戰後各盟國各自的國家利益，即從日本到底可以獲得多少
賠償物資。另外對於蘇聯代表提出的將其在中國東北及庫頁島等處接收的日
本國外資產作爲「戰利品」的看法，國民政府代表提出了反對意見。首先對

_____

〔註9〕《美國大使館關於處理日本國外資產意見》（照會譯文），中國第二歷史檔案
　　館館藏檔案，全宗號：2－（2）；案卷號：2650；縮微號：16J－1637。

於「蘇聯搬移東北日產估計約在二十億美元以上，其種類與數量亦由資源委員會調編成冊。該會復為切實調查，特派員徑赴東北。北平等地視察，並實地研究編製報告，以為將來交涉張本。」〔註10〕另外就「戰利品」定義而言，國民政府主張：「戰利品限於供敵人武裝部隊及為其所有之已製成為裝備或供應品，至於生產是項裝備或供應品之工廠則不在其內。」〔註11〕從這一定義出發，蘇聯從中國東北及庫頁島等的拆卸搬運回國的工廠設備自然不能屬於「戰利品」範圍。

對於蘇聯在戰後從我國東北地區拆遷了大量日本工礦企業及機器設備，並認為這些設備屬於「戰利品」不在日本賠償物資之內一事，國民政府也明確表達了自己的意見：我國不能承認蘇方自東北搬運物資為正當，此一態度已對蘇方一再嚴正聲明。美國對此問題，與我方抱相同之見解，且深表重視，英方亦顯能支持我國，故在運用上，於我顯居有利。綜觀此問題之演變，直接交涉，既不易成功，不如相機準備提出遠東委員會及日本賠償委員會討論。查蘇聯之對搬運事所憑籍之論據乃為根據三強與保匈兩國所訂休戰協定及一九四五年七月二十五日之波茨坦宣言，蘇聯有權將東北物資視為戰利品加以處分，蘇聯此項解釋於法理上固屬與國際公法一般之定義既不相符，就事實論，蘇聯亦無理由將我東北之物資與保匈休戰協定及波茨坦宣言所規定之戰敗國境內敵產相提並論，戰敗國境內之敵產處分，尚須以有關盟國之協議及戰敗國之接受行之，而我東北之敵產，卻因蘇聯擅行處置，於此亦可見其悖理之一斑。我國宜向英美表示，蘇聯對戰利品之定義，不能苟同，上述宣言之休戰協定不能通用於東北敵產，此項被搬運之物資將來即或不能收回，亦應自蘇聯應得賠償額中扣除，中國應自其它方面取得抵償。〔註12〕

對於「戰利品」問題，美國賠償專使鮑萊在其臨時報告中認為：戰利品（War booty）的定義，應該適用蘇聯在對德賠償中所承認的定義。即直接作

〔註10〕《行政院關於抗戰損失和日本賠償問題報告》，中國第二歷史檔案館編：《中華民國史檔案資料匯編》，第三編，第五輯外交，江蘇古籍出版社 2000 年 1 月第 1 版，第 233 頁。

〔註11〕《外交部抄送鮑萊賠償計劃書節略電》，中國第二歷史檔案館編：《中華民國史檔案資料匯編》，第三編，第五輯外交，江蘇古籍出版社 2000 年 1 月第 1 版，第 227 頁。

〔註12〕《有關日本賠償參考資料》，臺灣中央研究院近代史研究所館藏國民政府外交部檔案，檔案號：077.9／0006；影像號：11－EAP－02315。

戰的物資算作戰利品，生產此種物資的工具不能算作戰利品。〔註13〕從鮑萊的這定義來看，蘇聯由於其國家利益的驅使，顯然在日本國外資產是否屬於「戰利品」問題上採取了雙重標準。

針對遠東委員會上由於蘇、英兩國在「戰利品」問題上分歧，而導致的有關日本國外資產問題的討論陷入僵局，美國代表提出了折衷辦法：（1）與日本作戰之國家得保有所接收之日本國外資產；（2）以上資產，包括「戰利品」在內，應於決定分配供賠之日本國內工業設備時予以考慮；（3）報告接收之國外資產時，「戰利品」不必分別估值。〔註14〕此項辦法於 1946 年 6 月 24 日提請蘇聯代表轉達莫斯科，同時並建議舉行賠償會議，商討各項有關問題，該會議之議決案經遠東委員會同意後生效。對於美國代表提出的這種方案，中、英兩國代表表示同意。蘇聯代表在 9 月 4 日的回覆中，雖然同意參加賠償會議，但同時提出有五個附加條件，即：（1）蘇聯所獲戰利品不計算在賠償額以內；（2）不討論南庫頁島和千島群島的日本資產；（3）保留在韓國的日本資產，並不入全部賠償物資內分配；（4）按廣泛的政治理由決定賠償分配額；（5）在戰時日本佔領地區內，盟國所受財產的損失補償應在全部賠償物資內支付。〔註15〕9 月 26 日，美國答覆同意前面兩點，不同意後面三點。10 月 11 日，蘇聯政府又向美國政府表示：願意參加會議，討論日本在中國、菲律賓、印度尼西亞和印度等國的資產問題，但有兩個要求：（1）蘇聯分得的日本的工業設備數量不能受到蘇軍所繳獲的戰利品與日本資產影響。（2）蘇軍在中國東北所獲戰利品與庫頁島、千島群島的資產不付討論。〔註16〕針對蘇聯的要求，美國認爲：中國東北的工業，事關曾擔任擊敗日本主要任務的各盟國的共同利益和利害關係，必須在各要求賠償國之間實行最後分配，必須討論。

〔註13〕張廷錚著：《論日本賠償問題》，亞洲世紀社編輯：《對日和約問題》，亞東協會出版，1947 年 11 月初版，第 128 頁。

〔註14〕《在日辦理賠償歸還工作綜述》，中華民國駐日代表團編印，沈雲龍主編：《近代中國史料叢刊續編》710 輯，臺北：臺灣文海出版有限公司印行 1980 年版，第 22 頁。

〔註15〕高平、唐芸、陽雨編著：《血債：對日索賠紀實》，國際文化出版公司 1997 年 5 月第 1 版，第 176 頁。

〔註16〕《在日辦理賠償歸還工作綜述》，中華民國駐日代表團編印，沈雲龍主編：《近代中國史料叢刊續編》710 輯，臺北：臺灣文海出版有限公司印行 1980 年版，第 23 頁。

這樣，在「戰利品」問題上，由於蘇聯態度強硬，美英也毫不妥協，結果，遠東委員會無法討論日本戰後賠償的全面方案或協議，致使日本賠償問題一直延而未決。當然從上述美、英、蘇等國就「戰利品」問題的爭議，我們可以發現戰後日本的戰爭賠償直接關係到對日作戰各盟國的國家利益，國民政府要在日本戰爭賠償問題上有所作為，首先必須處理好與各盟國的關係，取得各盟國的支持。

其實關於「戰利品」問題的爭論只是遠東委員會各盟國爭論的一個方面，另外在日本應保留的平時工業水準及各國分配比例上各盟國間也存在較大的分歧。關於日本戰後工業水準問題，《美國對日投降後各項初步政策》第四章第三節作了明確說明：「日本戰後經濟困窘，係咎由自取，應由日本人民自行設法解決，盟國不負其責，但亦無意阻止日本人民改善生活之企圖。」「在改善人民生活時，日本政府仍須遵照盟國規定以履行賠償義務，並須參酌可以利用之資源及對於曾被日本侵略之國家之義務擬定合理辦法。」〔註17〕這一原則不過重申了波茨坦宣言之精神，但關於日本戰後平時工業水準究竟應該如何具體規定，遠東委員會各盟國意見並不統一。

在國民政府方面，因為中國遭受日本侵略時間最長，所受損失也最大，同時在國際反法西斯同盟中，中國所作出的貢獻也是最大的，因此國民政府希望在戰後能夠從日本獲得盡可能多的賠償物資，以恢復中國的國民經濟。在日本應保留的平時工業水準問題上，國民政府希望盡可能保持一個較低的水平。早在日本投降之前，國民政府就「主張日本平時工業生產量應以 1914年為標準，以杜其經濟侵略之再起」〔註18〕但國民政府的這一主張沒有獲得同盟國間的有力支持。後來國民政府又主張對於日本平時工業水準應以一九二八年至一九三零年為標準，這一主張同樣也沒有獲得有力支持。

1947 年 1 月 27 日，遠東委員會各盟國在經過長期的爭論之後，終於通過了《關於日本和平時期需要之決定》。該決定內容如下：（1）遠東委員會作為政策而決定：日本人民和平生活之需要應規定為一九三零年至一九三四年的日本實際生活水準所需。（2）為了目前之需要應引用一九三零年至一九三四

〔註17〕《中央日報》，1945 年 10 月 20 日第五版。
〔註18〕《國民政府行政院關於對日賠償政策之釐定及其實施》，彭明主編：《中國現代史資料選輯》，第六冊（1945～1949），中國人民大學出版社 1989 年版，第75 頁。

年間之生活水準統計材料估定一九五零年日本和平生活之需要。估定在這樣一個水平上所需要的工業機構之性質和規模時，應考慮諸如技術方面的進展，薪金的支付和就業問題之間的平衡等因素。（3）採用上述政策不得解釋為預先規定任何特定工業之特定水平。〔註19〕2月20日，遠東委員會又根據上述決定，規定了日本在一九五零年各工業每年可達到的生產量，即：

1、工具機	7500 具
2、鋼塊	2500000 噸
3、生鐵	800000 噸
4、火力發電	1000000 千瓦
5、鹹	207000 噸
6、氯	28000 噸
7、燒鹹	80000 噸
8、硫酸	3000000 噸
9、造船能力	80000 噸
10、修船能力	2000000 噸

資料來源：《在日辦理賠償歸還工作綜述》，中華民國駐日代表團編印，沈雲龍主編：
　　　　《近代中國史料叢刊續編》710 輯，臺北：臺灣文海出版有限公司印行 1980
　　　　年版，第 34 頁。

對於遠東委員會通過的這一有關日本平時工業水準問題的決議，國民政府為了迅速解決日本戰爭賠償問題，勉強予以同意，但同時附有如下諒解：即今後日本增產成品之一部分須提供賠償，列入會議記錄。〔註20〕1947 年 8月 18 日，遠東委員會通過了《消除日本工業戰爭潛力案》，規定日本保留之鋼鐵、輕金屬、工具機製造、造船、煉油及貯油、人造石油、人造橡膠等七種支持戰爭工業之生產能力，除超過日本人民平時需要之部分應予拆遷充賠外，其餘即為此等工業之最高生產水準；在解除武裝之長期辦法決定前，此一限制將於佔領終了時截止。此後，1948 年 3 月，美國為扶持日本經濟復興起見，曾向遠東委員會提出日本平時生產水準新案，將各業保留之種類與數量大為增加，後因中國及菲律賓等國的強烈反對，而未能通過。通過對上述

〔註19〕《遠東委員會有關決議及正在討論中之決議案》，中國第二歷史檔案館館藏檔
　　　　案，全宗號：18；案卷號：2912。
〔註20〕行政院新聞局編：《日本賠償》，1948 年 3 月第 1 版，第 4 頁。

日本平時工業水準問題的分析，我們可以發現，戰後盟國在處理日本戰爭賠償問題時，充分考慮了日本人民的和平經濟需要，而並沒有對日本人民採取報復措施，所以戰後盟國的對日戰爭索賠帶有很強的人性化色彩。

雖然遠東委員會最終在日本平時工業水準問題上達成協議，但在日本賠償各國分配比例問題卻陷入長期的爭論之中。因為分配比例問題直接關係到戰後各盟國的切身利益，即可以從日本獲得多少份額的賠償。但從另外一個角度來看，戰後盟國在處理日本賠償問題上，首先考慮各國分配比例問題，而未先討論日本到底應該賠償多少物資，以及這些物資應該如何拆遷，賠償的具體細節應如何操作，結果造成日本賠償問題長期延而不決，不但影響各受害國的利益，就是對日經濟的恢復也造成了一定影響。因為賠償比例問題不能確定，日本便不能決定何種物資及設備將被拆遷賠償。

在國民政府方面，早在日本投降初期，國民政府在討論對日戰爭索賠問題時，就認為中國是受害最深、損失最重、對抗擊日本更有決定性的國家。所以比照蘇聯在歐洲的做法，中國至少應得 50％的比例。況且，第一次世界大戰後法國就獲得德國賠償的 50％。〔註21〕後來，在行政院的《對日賠償政策之釐定及其實施》文件中，國民政府根據美國政府提出的所謂中美各占 30％的意見，認為中國政府至少應收到 40％。〔註22〕國內許多人仍堅持中國至少應該收到50％，但外交部官員認為：「鮑萊臨時報告」所講的日本現狀的確是現在的事實，中國外交人員到日本實地考察後，得出了大致一樣的日本現狀的判斷。況且，對日本索賠，雖有賠償損失、懲罰侵略和復興需要的作用，但宜政治從嚴、經濟從寬，重點放在對日本人的教育和改造上，使其在思想上放棄侵略，以杜絕軍國主義的復活。若中國提出 50％的比例，美國是絕對不會同意的，蘇英等國也會反對，所以，50％的說法很不現實。而 40％的說法同美國的「鮑萊報告」相一致，美國也會支持中國，是一個比較現實和可行的方法。〔註23〕

〔註21〕《國防最高委員會關於向日本索賠問題討論會記錄》，張憲文主編：《南京大屠殺史料集》（第二十二冊），姜良芹、郭必強編：《賠償委員會調查統計》，江蘇人民出版社 2006 年 1 月第 1 版，第 3 頁。

〔註22〕《行政院關於抗戰損失和日本賠償問題報告》，中國第二歷史檔案館編：《中華民國史檔案資料匯編》第五輯，第三編外交，江蘇古籍出版社 2000 年 1 月第 1 版，第 235 頁。

〔註23〕高平、唐芸、陽雨編著：《血債：對日索賠紀實》，國際文化出版公司 1997 年 5 月第 1 版，第 185 頁。

　　另據臺灣中央研究院近代史研究所館藏國民政府外交部檔案顯示，對於
日本戰爭物資之分配比率問題，國民政府一直主張：在日本可供賠償之總額
中，我國應獲得最大之分配比率，並且認爲日本可供賠償之物品，我國應獲
得優先受償權，此亦爲我國一貫之立場，蓋我國受戰禍最烈，破壞至巨，<u>亟</u>
需藉賠償之物資，助成建設，而日本境內之可供賠償設備，若不及早處置，
必致日漸毀損，因此我國力求速將該項設備拆運來華。〔註24〕但是戰後盟國
對日戰爭索賠的處置權實際上掌握在美國人手中，國民政府也只能是盡力爭
取最大份額，況且這一問題涉及到各盟國的具體國家利益，圍繞這一問題的
爭論在所難免。

　　1946 年 3 月，遠東委員會的賠償委員會（即第一小組）成立後，便著手
研究供賠償工業設備的分配比例問題。從 1947 年 2 月起，開始積極討論；4
月中旬，遠東委員會的賠償委員會通過決議，要求各同盟國提出各自所要求
的分配比例，5 月中旬，各國代表相繼送交，但匯總數字後，其分配比例的總
額之和竟達 204.5％。5 月 8 日，遠東委員會通過了《賠償份額之分配》決議，
該決議對各國賠償分配額作了原則性的規定。具體內容如下：

　　　　由於日本所犯之侵略行爲，爲使日本對盟國所造成之損失得到
　　公平賠償，以及爲了銷毀能引向日本重新武裝從事戰爭之此等工業
　　之戰爭潛力，必須自日本索取賠償，其方式爲此等目前所有的或將
　　來的製造的日本生產裝備和設備，或此等日本物資，如根據遠東委
　　員會之政策及遵照遠東委員會之參考條例所規定應作此項用途者。
　　賠償之方式應不致危害消滅日本軍國主義之完成，影響清付佔領費
　　用以維護人民最低限度之生活水準。特定國家在日本賠償總額中之
　　份額應在一廣泛之政治基礎上來決定，適當地考慮到每一申請賠償
　　國家所受物資與生命破壞之程度，每一申請賠償之國際由於日本準
　　備及進行侵略所受之損失，以及每一國家對擊敗日本之貢獻，包括
　　她抵抗日本侵略之範圍和時間。

　　　　這裡關於賠償的條文和關於這個問題所提到的一切並不影響各
　　國政府對海外資產問題的意見。〔註25〕

〔註24〕　《有關日本賠償參考資料》，臺灣中央研究院近代史研究所館藏國民政府外交
　　　　部檔案，檔案號：077.9／0006；影像號：11－EAP－02315。
〔註25〕　《遠東委員會有關決議及正在討論中之決議案》，中國第二歷史檔案館館藏檔
　　　　案，全宗號：18；案卷號：2912。

雖然遠東委員會通過了日本賠償分配額的原則性規定，但這並不能影響各國的具體要求。為了求得問題的解決，遠東委員會賠償委員會要求各國代表各自提出 11 個國家的百分比，以便對比。1946 年 5 月底到 8 月 20 日，有 8 個國家分別提出了 11 個國家的百分比，2 個國家提出集團百分比，澳大利亞沒有提交，認為該問題必須由今後的對日和會進行討論。這次提交的數字雖然比第一次有的國家的所提比例有點下降，但比例總數仍然高達 189%，各國具體提出的意見如下：

各國擬定的 11 個同盟國賠償額分配比例　　　　　　　單位（％）

	各自最初提出分配率	蘇聯修改意見	美國修改意見	英國修改意見	荷蘭修改意見	法國修改意見	印度修改意見	菲律賓修改意見	新西蘭修改意見
澳大利亞	28.0	3.0	8.0	8.5	6	7.5	9.5	7.0	9.0
加拿大	1.5	1.5	1.5	2	2.0	1.5	1.5	1.5	1.5
中國	40.0	30.0	29.0	14.0	24	20.0	25.0	23.0	23.0
法國	12.0	4.0	2.0	1.5	6	12.0	2.0	2.0	2.0
印度	12.5	7.5	4.0	9.0	6	6.0	12.5	4.0	8.0
荷蘭	12.0	7.0	4.0	4.0	12	10.0	5.0	6.0	7.0
新西蘭	2.0	2.0	1.5	1.5	2	2.0	1.5	1.5	2.0
菲律賓	15.0	8.0	8.0	—	9	9.5	7.0	15.0	7.0
蘇聯	12.0	12.0	3.0	2.0	3	4.0	4.0	3.0	4.0
英國	25.0	6.0	10.0	25.0	15	10.5	10.0	7.0	14.0
美國	29.0	18.0	29.0	—	15	16.5	22.0	30.0	22.5
總計	189.0	99.0	100.0	100.0	100.0	100.0	100.0	100.0	100.0

加拿大修改意見如下：1、中、美合計 50％；2、澳、印、荷、菲、英合計（英最多）40％；3、加、法、新、蘇合計 10％；共計 100％

中國修改意見如下：1、中國 40％；2、美、菲合計 30％；3、澳、加、印、新、英合計 20％；4、法、荷、蘇合計 10％；共計 100％〔註26〕。

〔註26〕　資料來源：《在日辦理賠償歸還工作綜述》，中華民國駐日代表團編印，沈雲龍主編：《近代中國史料叢刊續編》710 輯，臺北：臺灣文海出版有限公司印行 1980 年版，附錄第 52 頁。

　　在各盟國對 11 國應得份額提出自己的意見後，遠東委員會賠償委員會曾經多次提出協調方案，但都沒有獲得各國代表的一致同意，就連中、美、英、蘇四大國的意見也不一致。在多次協調無效後，賠償委員會只好在 1947 年 10 月 24 日，將討論失敗的經過和認爲該問題已無法解決的意見呈交遠東委員會。此後，遠東委員會又就此問題討論了一個多月，但各國除了相互爭吵外，還是一無所獲。1947 年 11 月 6 日，美國向遠東委員會建議：請各會員國根據以前的交換意見，公平解決分配問題；如果各國能達成一致協議，美國可以從自己應得的數額內拿出一部分來彌補其他國家認爲不足的部分。但就是美國的這個建議，遠東委員會各國代表也沒有一致接受。

　　因爲遠東委員會各國在日本賠償分配比例問題上一直議而不決，致使整個賠償方案不能達成協議。在這種情況下，對於美蘇兩個大國而言，其影響並不大，因爲，蘇聯在戰後已經從中國東北、朝鮮、庫頁島和千島群島等地截留了價值 39.68 億美元的物資，而美國不僅在戰後單獨佔領了日本，同時也接收了價值 22.1 億美元的物資。而作爲受日本侵略時間最長，損失最大的中國則因爲日本賠償問題一直延而未決，而不能獲得日本的有效賠償。

　　由於遠東委員會各國對於日本賠償最終方案不能迅速作出決定，反而在「戰利品」、工業水準及賠償分配比例等問題上糾纏不清，美國政府於是在鮑萊臨時報告的基礎上，於 1946 年 3 月向遠東委員會建議制定一個臨時賠償方案（Interim Reparations Removal for Japan），擇定日本主要戰爭工業與支持戰爭工業的種類，並擬定具體數額，先行拆遷充賠一部分，俟將來最後賠償案決定後再行結算。該方案提交遠東委員會後被採納。自 1946 年 5 月起，遠東委員會根據鮑萊所提供的臨時報告，先後通過了十幾項有關暫行拆遷賠償的政策性文件，將日本的主要軍事設備，如兵工廠、航空工業、所有輕金屬以及合成橡膠和合成石油設備，都用於賠償。在重工業方面，如造船工業和化學工業，遠東委員會建議拆遷其生產能力的 50% 以上。1946 年遠東委員會先後通過的各種充賠工業設備方案主要如下：

1. 兵工廠飛機及輕金屬

　　1946 年 5 月 13 日委員會通過政策一項，除若干例凡在陸海軍兵工廠中之設施，全部飛機工廠及其設備，全部輕金屬工廠及其設備應行提出以應賠償之要求。

2. 機器工具硫酸與造船

1946 年 5 月 13 日委員會核准政策一件，規定機器工具硫酸與造船業之臨時拆遷方案，依照此項政策，日本機器工具業之全部設備除應留作年生產「型式大小平衡總數」二萬七千單位外，均應立即提出以供賠償之要求，所有硫酸生產超過每年三百五十萬米突噸之全部設備，除若干特定限制外，亦應立即提出以充賠償之要求，又全部海軍造船設備及每年超過十五萬噸及供給商船隊三百萬噸之其餘造船設備，除受若干特定限制外，亦應提出以供賠償之要求。

3、鋼珠軸承

1946 年 5 月 29 日委員會核准政策一件，規定日本鋼珠軸承之生產每年超過三千二百五十萬日元者，其生產機構應移充賠償，上列數字係以一九四三年至一九四四年之平均價格爲基礎而加以估定。

4、鋼鐵火電灰城氯氣及燒鹼

1946 年 6 月 1 日委員會核准政策一件，規定鋼鐵火電灰城氯氣及燒鹼工業之臨時拆遷方案，除受某項特定限制外，此項政策實施後日本可年產三千五百萬公噸之鋼塊，二百萬公噸之生鐵，二百一十萬公噸千瓦之火電，七萬五千公噸之氯氣在電解廠內有八萬二千三百公噸之燒鹼及六十三萬公噸之灰城。

5、私人軍火

1946 年 6 月 20 日委員會核准政策一件規定除某例外，全部私人軍火應移充賠償。

6、人造汽油與人造橡皮

1946 年 9 月 12 日委員會核准政策一件，人造石油與人造橡皮工業中之全部設備應移充賠償，但另有附帶條件，即凡人造石油工廠曾經指定實際改造或可能改造阿莫尼亞硫酸鹽與肥料者應予保留開工，至窒素可自其他方面獲得適當供應時爲止。

7、輾鋼工業

1946 年 12 月 6 日委員會核准政策一件，凡全部輾鋼能超過平

衡年產 2775000 公噸之輾鋼生產工具應移充賠償。此項決策附有同
日核准之另一決定，即授權最高統帥保留某種電力熔鋼爐器材及其
附屬之輾鋼廠至一九四七年六月為止，因最高統帥曾隊委員會說明
此等熔爐因現時缺煤尚有需要也，委員會宣佈在一九四七年六月三
十日前之任何時間若最高統帥認為因佔領上之需要，而此項保留政
策有延長之必要時委員會當另行審查其情形。〔註 27〕

此外遠東委員會臨時賠償方案所通過的日本保留和予以拆遷充賠的設備詳見
下表：

日本保留和拆遷賠償的工業設備一覽表

工　業	單　位	年總生產能力	暫行拆遷賠償	可以保留
機床	萬架	5.4	2.7	2.7
鋼珠軸承	百萬日元	300.4	267.4	32.5
平爐和轉爐	萬噸	623.9	273.9	350.0
電爐	萬噸	193.3	172.5	10.0
生鐵	萬噸		超過部分	277.5
新船	萬噸	190.0	125.0	15.0
修理	萬噸	880.0	290.0	300.0
幹船塢	萬噸	73.24	42.57	4.0
私營軍火工廠			全部拆遷	0
火力發電廠	萬千瓦		超過部分	210
硫酸	萬噸	473.0	83.0	350.0
燒鹼	萬噸	26.65	18.15	8.25
純鹼	萬噸	83.5	20.5	63.0
人造石油			全部拆遷	0
人造橡膠			全部拆遷	0

資料來源：孟國祥、喻德文著：《中國抗戰損失與戰後索賠始末》，安徽人民出版社 1995
年 2 月第 1 版，第 241 頁。

〔註 27〕 《關於遠東委員會工作報告對日基本政策等文件》，中國第二歷史檔案館館藏
　　　　 檔案，全宗號：18；案卷號：2911。

　　雖然遠東委員會通過了上述臨時賠償方案，但遠東委員會同時規定，這一臨時賠償方案必須等各盟國對日賠償分配比例商定以後方能付諸實施。〔註28〕因此這一方案只能流於紙面。

　　在遠東委員會陸續通過日本臨時賠償方案的同時，國民政府也開始制定戰後對日索賠的詳細計劃。1946 年 5 月，國民政府在南京發佈了日本賠償緊急拆遷項目，並將它作爲先前通過的《中國要求日本賠償計劃》的附件，詳細列舉了當時中國認爲最迫切需要的設備及數量。其具體內容詳見下表：

中國要求日本賠償設備緊急拆遷項目

設備項目	設備數量
1、火力發電	70 萬千瓦
2、鐵道車輛修理設備	年修機車 400 輛，客車 600 輛，貨車 4800 輛
3、鐵道車輛製造設備	年產機車 300 輛，客車 400 輛，貨車 3000 輛
4、橋梁材料及信號製造設備	年產 8 萬噸
5、造船廠	設有 7500 噸、1 萬噸、1.2 萬噸浮塢各 1 座的造船廠 1 所，令設有 5000 噸浮塢的造船廠 1 所。
6、客貨船	30 萬噸
7、油船	10 萬噸
8、碼頭起重機	100 噸的 6 套，5～10 噸的 24 套
9、鋼鐵廠	年產鋼材 12 萬噸
10、蒸氣機及柴油機製造	共計年產 10 萬馬力
11、電工器材製造	製造變壓器電線材料與製造電訊及燈泡的工廠各 1 座
12、中型工具機	年產 4000 套
13、小工具	年產 400 萬件
14、鋼珠軸承	年產 200 萬件
15、燒鹼	年產 9000 噸
16、硫酸銨	年產 30 萬噸

〔註28〕《在日辦理賠償歸還工作綜述》，中華民國駐日代表團編印，沈雲龍主編：《近代中國史料叢刊續編》710 輯，臺北：臺灣文海出版有限公司印行 1980 年版，第 30 頁。

設備項目	設備數量
17、氯化鈣	年產 10 萬噸
18、鋁	年產 2.8 萬噸
19、鎂	年產 2000～3000 噸
20、銅	年產 1.5 萬噸
21、鉛、鋅	年產 1 萬噸

資料來源：《在日辦理賠償歸還工作綜述》，中華民國駐日代表團編印，沈雲龍主編：
《近代中國史料叢刊續編》710 輯，臺北：臺灣文海出版有限公司印行 1980
年版，第 32 頁。

通過國民政府發佈的《要求日本賠償計劃》及《緊急拆遷項目》，我們可以瞭解國民政府對於日本賠償物資的迫切需要，以及日本戰爭賠償與我國戰後復興計劃之間的密切關係。但是由於日本賠償分配比例問題一直未能解決，致使整個日本賠償問題長期處於論而不決的狀態之下，國民政府的這些要求也未能獲得理想的效果。

第三節 「先期拆遷賠償」方案的出臺

遠東委員會雖然已經通過了臨時賠償方案，並且制定了若干有關日本戰爭賠償問題的重要決策，但由於各盟國在日本賠償分配比例問題上遲遲未能作出決定，因此雖然臨時賠償方案已經出臺，也只能流於紙面。此後，爲了打破日本賠償的僵局，美國政府以頒佈臨時指令的形式公佈了「先期拆遷賠償」方案，本節試就「先期拆遷賠償方案」的出臺及其公佈後國民政府的反應作一簡單的介紹。

鑒於日本賠償問題一直處於論而不決的狀態之下，嚴重損害了作爲最大受害國——中國的利益，國民政府於是開始與美國政府進行交涉，以尋求美方的支持。「關於拆遷日本工廠移充賠償我國賠償事，迭經本部電飭駐美顧大使向美方交涉，要求在賠償會議未召開前，盡速拆遷一部分，以應我國急需，據顧大使電覆，略以美方對我處境，甚表同情。」〔註29〕1946 年 12 月，美國

〔註29〕《關於日本侵華對日賠償問題各方之建議與要求》，中國第二歷史檔案館館藏檔案，全宗號：2－（2）；案卷號：2649；縮微號：16J－1637。

政府鑒於日本賠償問題遲遲未獲進展，於是援用遠東委員會組織規程第三條之規定，即：「美國政府如遇有非委員會業已擬就之政策範圍以內之緊急事情發生，於委員會尚未被採取行動之前，得對最高統帥頒佈臨時指令。」〔註30〕採取單獨，對盟總頒發臨時指令，飭令執行先期拆遷，並向遠東委員會建議制定先期拆遷計劃（Advance Transfer of Japanese Reparations），就先前遠東委員會公佈之臨時賠償方案之範圍，先提百分之三十，作為直接受日本侵略國家之賠償物資。對於美國的這一建議，蘇聯代表未表示贊同，當時亦未堅決反對，態度尚屬緩和；英國代表則始終堅持認為日本賠償物資應該包括日本在國外的資產，英國代表的這一態度未獲遠東委員會大多數成員國的支持；國民政府則表示歡迎，蔣介石特別對接收日本海軍工廠用以賠償倍感興趣，並多次過問接收日本剩餘軍艦之事，以希望通過接收日本剩餘軍艦擴充國民政府的海軍力量，同時充分利用日本海軍軍艦運輸日本賠償物資。因此雖然美國政府提出了先期拆遷計劃，但由於遠東委員會各國態度不一，爭議日久，具體拆遷方案一直延而未決。

　　1947 年 2 月 19 日，美國政府發佈第 69 號指令，傳達遠東委員會通過的《日本賠償物資移交辦法》。1947 年 4 月，美國政府又向駐日盟軍總司令部發佈第 75 號臨時指令，要求盟總執行先期拆遷計劃。這份臨時指令規定：盟軍最高統帥部有權將遠東委員會在臨時賠償方案中所規定的超出保留和剩餘設備中的 30% 先行予以拆遷賠償，這部分物資分配給受日本侵略佔領時，受害最深的中國、菲律賓、荷屬東印度群島和英國當時所屬的緬甸、馬來亞、香港和北婆羅洲。「中國將獲得總數百分之十五，菲律賓百分之五，荷蘭百分之五（代荷印），聯合王國百分之五（代緬甸、馬來亞及其他殖民地）。在此先期賠償項下，美國一無所獲。」〔註31〕美國政府頒佈的這一臨時指令分為兩個部分，第一部分闡明了拆遷的原則，第二部分對辦理此項事宜的手續作了詳細規定。其主要內容如下：

　1、第一部分

　（1）盟總遵照美國政府 1947 年 2 月 19 日第 69 號指令中《日本賠
　　　　償物資移交辦法》，立即實施日本國內工業設備之拆遷。

〔註30〕秦孝儀主編：《中華民國重要史料初編——對日抗戰時期》第二編《作戰經過》
　　　　（四），中國國民黨中央委員會黨史委員會編印，1981 年臺北版，第 81 頁。
〔註31〕《美國政府訓令麥帥》，見《申報》，1947 年 4 月 5 日。

（2）拆遷設備限於遠東委員會所正式宣佈可供賠償者（按即臨時賠償方案所規定者）。

（3）先期拆遷物資分給中、菲、荷（代表荷屬東印度）、英（代表馬來亞、緬甸、及其他遠東殖民地）四國。拆遷之每一類物資，由數量或價值上計算，中國應得全部臨時賠償方案所規定供賠物資百分之十五，菲、荷、英各得百分之五。

（4）先期拆遷國家應聲明：

甲、可立即有效使用拆遷之設備。

乙、運用拆遷設備以恢復、修理、或建立之工業能直接幫助該國立即復興曾受戰害之經濟，或能間接有利於受日軍破壞之其他亞洲地區。

（5）盟總制定先期拆遷設備時，應注意選擇之均衡，勿使剩餘而供日後賠償之設備在數量或價值上作不均衡之減少。

2、第二部分

（1）盟總應負責就遠東委員會規定之拆遷範圍對於應予拆遷之設備作最後之選擇，編製詳細資產目錄，並加估值，送請各受償國家實行申請。

（2）盟總為各受償國立賠償帳，各國所接收機器之價值不能超過其應得之比例。

（3）兩國或兩國以上對賠償物資申請上發生糾紛時，盟總應作公平之解決。

（4）申請國於應得之分配率規定後，或於接得最後資產目錄與估價後，應在六個月內向盟總正式申請；在賠償物資分配後，應於二年內接收運回。〔註32〕

至此在日本投降後的一年又八個月之後，對日戰爭索賠的實際工作才艱難地進入了實施階段。「先期拆遷方案」公佈後，賠償拆遷工作即開始積極進行。盟總旋即邀約盟國駐日賠償歸還代表團組成賠償技術顧問委員會，以與盟總

〔註32〕《在日辦理賠償歸還工作綜述》，中華民國駐日代表團編印，沈雲龍主編：《近代中國史料叢刊續編》710輯，臺北：臺灣文海出版有限公司印行1980年版，第36～37頁。

主管組科配合，分別商討執行有關事項。國民政府除在日成立賠償及歸還物資接收委員會，在國內成立督運委員會，分別辦理接收及運輸回國等事務，對於賠償物資如何利用，亦擬定了整個計劃。

　　由於先期拆遷計劃中中國所獲得的賠償物資占一半份額，國民政府在獲悉這一方案後，行政院賠償委員會即參照臨時拆遷方案內各項賠償工業範圍，成立機械工具、造船、鋼鐵、化工、電力、輕金屬等六個小組，並指定各部會專家為召集人。「第一小組，主管工具機，召集人代表王樹芳；第二小組，主管造船，召集人代表周茂柏；第三小組，主管鋼鐵，召集人代表嚴忍械；第四小組，主管化工，召集人代表徐名材；第五小組，主管電力，召集人代表陳東；第六小組，主管輕金屬，召集人代表徐名材。」〔註33〕各小組之任務為綜合及審核國內各單位之賠償申請。按照盟總的規定進行有關申請手續，經過調研討論後提出日本賠償的方案，六個小組分別提出要求賠償的具體數量、種類、重量詳見下表：

國民政府擬定要求日本賠償的物資概況

物資種類	數　　　量	估計重量（噸）
機械工具	機件 28843 部 工具製造廠 19 座整廠	108598
造船	整廠 2 座及部分設備	118000
鋼鐵	整廠或部分設備	201500
化工	整廠 12 座	34700
電力	整廠 7 座及部分設備	（千瓦）347000
輕金屬	整廠 10 座	5170

資料來源：《在日辦理賠償歸還工作綜述》，中華民國駐日代表團編印，沈雲龍主編：
　　　　《近代中國史料叢刊續編》710 輯，臺灣文海出版有限公司印行 1980 年版，
　　　　第 37～38 頁。

〔註33〕《行政院賠償委員會成立後三個月工作概況》，中國第二歷史檔案館館藏檔案，全宗號：2－（2）；案卷號：3220；縮微號：16J－1662。

第四章 「先期拆遷賠償」的實施及其夭折

第一節 「先期拆遷賠償」的準備工作

就戰後國民政府對日戰爭索賠的全過程來看，從日本投降到 1947 年 4 月，由於遠東委員會各盟國在「戰利品」、工業水準及賠償分配比例等問題上存在爭議，致使整個日本戰爭賠償問題一直處於論而不決的狀態之下。1947 年 4 月美國政府以頒佈臨時指令的形式制定了「先期拆遷賠償」計劃，國民政府也正是通過「先期拆遷賠償」從日本先後運回了三批賠償物資，除此之外，國民政府還接收了一些日本剩餘軍艦，這是戰後國民政府對日戰爭索賠的全部成果。考察「先期拆遷賠償」計劃出臺、實施及夭折的全過程，有助於我們更好地瞭解戰後國民政府對日戰爭索賠的全貌。本節試就「先期拆遷賠償」實施前的準備工作：賠償工廠的選擇、賠償設備目錄的編製、賠償設備的估價與記帳及賠償工廠的參觀作一介紹。

「先期拆遷賠償」指令對於供賠償工廠或設備的（1）選擇、（2）編目、（3）估價、（4）記帳、（5）參觀、（6）申請、（7）分配、（8）接收都規定了具體的辦理原則。但事實上，（1）至（4）項由盟總統籌辦理；（7）（8）兩項由受償國代表各自辦理；參觀由受償國代表依照盟總預定程序並有盟總派員陪同辦理；分配則由受償國共同參加抽籤，或用協議辦法辦理，而由盟總核定之。〔註1〕下面筆者先就賠償工廠的選擇作一介紹。

〔註 1〕《在日辦理賠償歸還工作綜述》，中華民國駐日代表團編印，沈雲龍主編：《近代中國史料叢刊續編》710 輯，臺灣文海出版有限公司印行 1980 年版，第 61 頁。

其實盟總選擇可供賠償之工廠的工作遠在「先期拆遷賠償」指令頒發之前即已著手進行，臨時賠償方案公佈之後，該項工作得以更加積極進行。1946年1月，盟總指令日本政府先行保管飛機製造、陸海軍兵工廠及實驗所，以備供賠。此後盟總又陸續發表（1）造船、（2）鋼珠軸承、（3）工具機製造、（4）鋁鎂等輕金屬、（5）火力發電、（6）酸城工業、（7）鋼鐵、（8）民營軍需、（9）人造石油、（10）人造橡膠等工業之供賠工廠，均令日本政府暫行保管，不許移用鏽損，以待充賠。當然盟總指定這些工廠以待賠償，是因爲這些工廠都屬於日本戰時的軍事工業，對於戰後日本和平工業而言屬於多餘，將這些工廠拆遷賠償不但有利於各受償國工業的恢復，又可以限制日本侵略潛力的再起，從而有利於戰後遠東地區的和平。1946年1月間最初指定供賠之飛機製造、陸海軍兵工廠及實驗所共計364所，至1946年6月增至601所，其他造船等工業指定供賠之工廠共計644所，共計1245所。此後因准許日人利用此等工廠以製造肥料與食鹽之用，以及供給佔領軍從事修船、拆船、臨時建築等需要，指定之供賠工廠的數量屢經修正，並逐漸減少。至1948年底，飛機製造廠、陸海軍兵工廠、實驗所之總數由601所減至486所，造船等工業指定供賠廠數由644所減至484所，共計970所。〔註2〕

1947年4月，先期拆遷指令頒發後，盟總意圖觀望，遲遲不肯提出工廠或設備充賠。拖延五個月之久，經國民政府代表及其他盟國代表多次催促，至1947年9月，才就陸海軍兵工廠中斟酌指定17所，立即拆遷，後來又增加3所，共計20所。停止拆遷指令發佈後，1949年6月，減去岩國陸軍染料廠及海軍第十一飛機廠岩國分工廠。因此拆遷範圍始終只限於陸海軍兵工廠18所，其他各業，包括主要戰爭工業在內，皆未涉及。

在賠償設備目錄的編製方面，自1947年盟總陸續指定若干日本工廠以供賠償以後，盟總便開始編製各指定供賠工廠供賠設備的目錄清單，並對供賠物資進行估價，以作爲分配賠償之參考。關於日本賠償物資的分類，盟總完全採用美國商務部所訂之標準商品分類法（United States Standard Commodity Classification），簡稱SOC分類法。根據這一分類方法，每部機器將用三組數字表示。例如「34－12－131」，第一組之「34」表示爲工具機，第二組之「12」

〔註2〕 參見：《在日辦理賠償歸還工作綜述》，中華民國駐日代表團編印，沈雲龍主編：《近代中國史料叢刊續編》710輯，臺灣文海出版有限公司印行1980年版，附件27、28、29。

表示爲工具機中之拉床，第三組之「131」則表示拉床之能量。〔註 3〕但是僅僅使用 SOC 分類法編號，尚不能完全表示某部機器的各個方面，例如機器之等級、年齡、傳動方法、電源、製造國別等。因此爲了求得資料的完整，盟總在編製目錄時在目錄清單上除 SOC 編號外亦將上述各項列入。

在機器等級方面，盟總將賠償機器分爲三個等級。第一等級指不加修理即可使用者；第二等級指須加修理方能使用者，且機器本身值得修理者；第三等級指須大加修理方能使用者，且機器本身不值得修理者。另外在機器的年齡方面，五年以下者爲第一類，五年至十年者爲第二類，十年以上及不知年齡者爲第三類。傳動方法分爲八類：（1）交流馬達傳動、（2）直流馬達傳動、（3）交直流均可、（4）馬達傳動而不知係交流或直流、（5）馬達傳動而馬達遺失者、（6）天軸傳動、（7）其他傳動、（8）傳動不詳。機器製造國別有十：（1）捷克、（2）法、（3）德、（4）英、（5）日、（6）瑞士、（7）瑞典、（8）美、（9）其他、（10）不詳。電源則分五十周波及六十周波兩種。同時對於傳動馬達之電壓及馬達亦有記載。電壓分爲：（1）100～110 伏特（2）200～220 伏特兩種。馬達分爲：（1）少於 1 匹、（2）1～3 匹、（3）3～5 匹、（4）5～7.5 匹、（5）7.5～10 匹、（6）10～20 匹、（7）20 匹以上、（8）馬力不詳。〔註4〕

雖然通過上述記載方法，對於某部機器的性能及一般情況大致可以明瞭，但在機器的所在地、價值以及估計之重量等方面仍有欠缺。盟總爲了記載更加全面起見，又將上述各部分一併列入賠償機器清單之上。因此在盟總所發表的賠償機器目錄清單所登記的項目共有下列各項：（1）SOC 分類號碼、（2）登記、（3）年齡、（4）傳動、（5）製造國別、（6）周波、（7）所在縣、（8）所在工廠、（9）機器號碼、（10）機器價值、（11）機器估重。所以從盟總所編的賠償機器設備清單，我們可以基本瞭解該部機器的全貌。

根據「先期拆遷賠償」指令規定，各受償國所接受賠償設備之總價值應不超過其應得之分配比例〔註5〕。但是各國賠償分配比例係依照賠償設備之價

〔註 3〕《在日辦理賠償歸還工作綜述》，中華民國駐日代表團編印，沈雲龍主編：《近代中國史料叢刊續編》710 輯，臺灣文海出版有限公司印行 1980 年版，第 62 頁。

〔註 4〕《在日辦理賠償歸還工作綜述》，中華民國駐日代表團編印，沈雲龍主編：《近代中國史料叢刊續編》710 輯，臺灣文海出版有限公司印行 1980 年版，第 63 頁。

〔註 5〕《遠東委員會有關決議及正在討論中之決議案》，中國第二歷史檔案館館藏檔案，全宗號：18；案卷號：2912。

值計算，而非數量，因此賠償設備估值之高低與各受償國的利益密切相關。此外依照「先期拆遷賠償」指令，賠償物資的估價工作由盟總負責辦理。盟總接奉此令後，旋即進行估價工作。1947 年 6 月 16 日，賠償技術顧問委員會召開第二次會議，主席提出賠償設備估價辦法，說明盟總賠償組編目估價科科長尼古拉斯少校（Major Nicholas）擬定之估價計算公式如下：

$$V＝（P－S）A／B＋S$$

V＝現時價值（Present Value）　　P＝購置時價格（Purchase Value）

S＝廢料價值或淨餘價值（Scrap or Net Salvage Value）

A＝將來壽命年數（Future Life）B＝整個壽命年數（Total Life）〔註6〕

中國及法國代表等認爲這一計算公式與盟國在德國所用者不同，其計算結果當高出甚多，相繼於 7 月 1 日第三次會議時提出質詢。英國代表建議另設小組會議，詳加研討，當經通過，並推舉中國及澳、荷、法、加等國代表爲小組會議委員，復指定尼古拉斯少校爲主席。翌日，小組會議召開，認爲尼古拉斯所擬定之計算公式確實與盟國在德國所用者不同。其最大之差異有兩點：（1）德國計算公式並不將 S，即廢料價值或淨餘價值列入，而尼氏計算公式則列入；（2）德國計算公式因設備在戰時過渡使用之故，將折舊率照平時增加 35％，而尼氏計算公式則不增加。因此，用尼氏計算公式計算之結果偏高甚多。經試算後，同一設備若用德國計算公式計算，其價值只及尼氏計算公式之 58％。但由於此時估價工作已經開始進行，若另定計算公式，重新估算，勢必曠日持久，延誤拆遷，經一致決定向賠償技術顧問委員會建議：估價仍暫採用尼氏計算公式，但估定之價值只作爲計算各受償國間分配比例之用，不作最後結算賠償物資價值之用。此項建議於 7 月 8 日經賠償技術顧問委員會第四次會議議決通過。該次會議並依從中國代表之建議，決定請小組會議繼續研討，俾能另擬合理計算公式，以供將來參考。

記帳工作，依照規定，亦應由盟總辦理。盟總將賠償設備分配各受償國，同時將設備價值記入各該國分戶帳，作爲初步估價，並隨即通知各該國。等到受償國正式接收，即作爲最後價值，計入分戶帳。每三個月將各該國接收設備價值之累積數分別通知。

〔註6〕 《在日辦理賠償歸還工作綜述》，中華民國駐日代表團編印，沈雲龍主編：《近代中國史料叢刊續編》710 輯，臺灣文海出版有限公司印行 1980 年版，第 64頁。

　　受償國參觀供賠工廠與設備,分為兩類。一為申請前參觀,其目的在於獲得賠償設備的概況,以供選擇申請之參考。另一為檢驗參觀,這一參觀主要是在申請及分配以後,詳細參觀檢驗賠償設備的質量問題,以作為最後決定是否接收的參考。由於根據盟總規定:賠償國和受償國之間,除交接賠償物資的最後一剎那外,平時彼此不能直接接觸,一切事務都要依賴盟總為唯一的聯繫渠道〔註7〕。所以在參觀問題上,沒有盟總官員的陪同,各受償國代表不得擅自行動,這在很大程度上限制了各受償國進一步瞭解日本戰爭賠償物資的機會。

　　檢驗參觀目的為決定各國分得機器之取捨,其接受者即準備裝箱其暫不接受者,各國間可以互相交換,故此項檢驗工作中、英、菲、荷四國同時進行,由盟總賠償組安排一切並有書記等工作人員隨行,檢驗前由該組先行分發工廠機器清單,每國兩份並事先標明編號及分得之國家(中國用C,英國用 UK,菲國用 P,荷國用 N)檢驗時各項機器逐件與工廠清單核對察其機件之全缺,馬達之有無及可用之程度以決定取捨,其暫不接收者在分得國家之標記上用粉筆劃記×號,每日檢驗完畢後盟總人員隨即將各國暫不接收之機器編製統計清單分發各國,於全廠機器檢驗完畢後各國即憑此清單,檢驗他國暫不接收之機器以資交換。英荷兩國暫不接收之機器頗多,品質尚佳,惟中菲兩國暫不接收之機器品質過為拙劣,故實際上無多大交換可能。〔註8〕

　　申請前參觀在先期拆遷指令頒佈之前即已開始。1947 年 2 月,盟總召開賠償技術顧問委員會第一次會議時即邀約各盟國代表團派員開始參觀。此次參觀範圍主要是就臨時賠償方案所規定的供賠工業擬定的,最初為工具機製造廠。中國自 1947 年 3 月 17 日派員會同各國代表及盟總人員前往指定各廠參觀,至 7 月 24 日參觀完畢,前後共參觀工廠 43 所。此後自 1947 年 8 月至1948 年 2 月,又陸續參觀造船廠 19 所,火力發電廠 6 所,鋼珠軸承廠 22 所,硫酸廠 6 所,城廠 2 所,鋼鐵廠 12 所,人造橡膠廠 1 所,總計 11 所。但此次參觀僅為選擇申請之準備工作,各受償國參觀後必須將參觀記錄送達盟總,並在記錄上說明將來申請之目標。

〔註 7〕 吳半農:《有關日本賠償歸還工作的一些史實》,《文史資料選輯》第七十二輯,中國人民政治協商會議全國委員會文史資料研究委員會編,北京:中華書局1980 年出版,第 222 頁。

〔註 8〕 《第一批賠償計件机器拆運分配概況及有關文件》,中國第二歷史檔案館館藏檔案,全宗號:28(2);案卷號:874。

1947年4月，「先期拆遷賠償」指令發表後，主要戰爭工業各工廠首先必須予以拆遷，同時開放參觀，以俾各受償國從速申請。但由於盟總一再拖延，後經各受償國代表強烈要求，才提出兵工廠1所、飛機製造廠2所、民營軍需工廠1所作爲選樣，自5月27日起至6月3日止，派員陪同各國人員前往參觀。但是這四廠在參觀完以後，並沒有提出供賠。

直到1947年9月，盟總才開始根據「先期拆遷賠償」指令提出17所兵工廠內之工具機與副金屬形成機以供賠償，是爲第一批賠償設備。此後又提出兵工廠實驗設備供賠，是爲第二批賠償設備。這兩批物資都沒有舉行申請前參觀，僅在各受償國抽籤分配後進行檢驗參觀而已。嗣又提出20所兵工廠之電氣設備及剩餘設備供賠，是爲第三批賠償物資。此批物資之分配不用抽籤，而取協議辦法，由各國事前詳細參觀檢驗，以定取捨。

此外，1948年2月3日，賠償技術顧問委員會主席哈里遜聲稱：盟總已允澳大利亞代表所請，准許各國參觀先期拆遷以外之7%項下各兵工廠，並謂此項參觀並不影響將來正式分配及拆遷前參觀，故任何盟國均得參加。這一參觀的目的爲使各盟國對於日本供作賠償之陸海軍兵工廠得一概念，名爲初步參觀（Preview Inspection）。

指供先期拆遷之20所兵工廠中之賠償設備，共分爲三批。第一批原僅爲17所兵工廠中之工具機及副金屬形成機，後又增加銅片輾軋及附屬設備數套及高壓水泵數套。第二批爲兵工廠實驗室中30%實驗儀器設備。第三批爲17所兵工廠中之電氣設備、剩餘通用機器設備，及後增3兵工廠中之一切設備。這三批賠償設備均按照3：1：1：1的比例分配給中、英、荷、菲四國。中國所得約占半數，共值1939年日幣84931433元。根據1941年遠東年鑑，是年日幣100元平均折合美金25.986元，故上述數折合美金22070282.19元。詳見下表：

先期拆遷賠償設備價值統計表

第一批	計件機器	56269165日元	折合14622105.22美元
第二批	實驗設備	682212日元	折合177279.61美元
第三批	電氣設備	1209008日元	折合314172.83美元
	剩餘設備	26771048日元	折合6956724.53美元
共　計		84931433日元	折合22070282.19美元

資料來源：《在日辦理賠償歸還工作綜述》，中華民國駐日代表團編印，沈雲龍主編：
　　　　《近代中國史料叢刊續編》710 輯，臺灣文海出版有限公司印行 1980 年版，
　　　　第 66 頁。

　　為了使「先期拆遷賠償」工作順利進行，遠東委員會於 1947 年 3 月 15日和 1947 年 5 月 25 日，分別對日本賠償工廠的選擇作了詳盡的規定，要求主要戰爭工業及輔助戰爭工業的設備必須盡快先行拆遷，拆遷的順序是：首先拆遷日本財閥及各大工商企業團體所有的工廠；其次是日本人及日本政府軸心國家的私人與政府經營的工廠與設備，最後是中立國家個人與政府所有的工廠。

　　為進一步促進賠償問題的解決，遠東委員會又於 1947 年 2 月 13 日通過了《日本賠償物資移交辦法》，並經美國政府以第六十九號訓令飭知盟總。此辦法規定：拆遷賠償設備自拆卸包裝時起，至運至海港或機場交與受償國時止，一切拆卸、包裝、運輸、裝艙等費用均由日本政府負擔，並按各受償國取得賠償品數量之比例，分攤計入各受償國賠償帳內，但各受償國並不因此等費用而減少其應得之受償數額。一切賠償設備均以機船艙面交貨為原則。交貨以後，運輸回國事宜由受償國自理。〔註9〕

　　在此之後，為了進一步從政策上明確對日索賠的方針政策，遠東委員會於 1947 年 6 月 19 日通過了《遠東委員會對投降後日本之基本政策的決議》。該決議共分序言、最終目標、盟軍之權力、政治、經濟五個部分，在第五部分對日本的賠償問題作了明確的規定：「為懲處日本之侵略行為起見，為公平賠償各盟國因日本而受之損害起見，為摧毀日本工業中足以引起重整軍備之日本戰爭潛力起見，此項賠償，應由日本以現存之資產設備及設施付之，或以其現存及將來生產之貨物抵付之。」〔註10〕

　　根據遠東委員會通過的《日本賠償物資移交辦法》，盟總指定了橫須賀、仙臺、名古屋、大阪、吳港、佐世保六處港口作為賠償物資的待運點。為了順利運回賠償物資，1947 年秋行政院賠償委員會所屬的日本賠償及歸還物資督運委員會和交通部日本賠償及歸還物資運輸處相繼成立，並決定以上海、天津、廣州、廈門、青島、基隆為運回設備的主要港口。

〔註 9〕沈雲龍主編：《近代中國史料叢刊續編》710 輯，《在日辦理賠償歸還工作綜
　　　述》，中華民國駐日代表團編印，臺灣文海出版社 1980 年版，第 32 頁。
〔註10〕高平、唐芸、陽雨編著：《血債——對日索賠紀實》，國際文化出版公司，1997
　　　年 5 月第 1 版，第 192 頁。

從上述「先期拆遷賠償」的準備工作來看，雖然美國政府以頒佈臨時指令的方式公佈了「先期拆遷賠償」計劃，但由於該計劃實施的主導工作主要由盟總負責，而盟總對於該工作往往採取拖延的態度，因此「先期拆遷賠償」的實施並不順利。另一方面，由於「先期拆遷賠償」的具體實施工作相當複雜，需要相關部門的密切配合，國民政府要眞正將日本賠償最終運輸回國，充分發揮其效用，還需要作出大量的努力。

第二節　「先期拆遷賠償」的實施

在盟總爲「先期拆遷賠償」計劃做準備的同時，國民政府也開始了「先期拆遷賠償」的準備工作，爲此積極制定賠償物資運輸、估價、分配的具體方案，籌措賠償物資的運輸費用，調配運輸船隻，並在此基礎上將日本賠償物資運回國內。本節試就「先期拆遷賠償」的實施工作作一介紹。

爲順利實施「先期拆遷賠償」方案，以便從日本早日獲得賠償物資，恢復國內經濟，國民政府在獲悉「先期拆遷賠償」方案之後，迅速展開了「先期拆遷賠償」的準備工作。從 1947 年 1 月 15 日行政院賠償委員會召開第二次委員會會議開始，賠償委員會便開始就「先期拆遷賠償」的具體實施細則進行討論，並制定了相應的賠償物資的運輸、估價、分配等方案，從而爲「先期拆遷賠償」的順利進行作了鋪墊。

早在 1947 年 1 月 15 日行政院賠償委員會召開第二次委員會會議召開之前，賠償委員會就已經就對日索賠的具體細則問題做了考量：

> 賠償物資之處理。雖非目前所急需決定者，但此項問題關係重大，甚或可影響我國對賠償要之態度者，茲略舉如下：
>
> A、賠償物資之運輸。我國主張運至我國所指定之地點，按照現勢觀察此點可能性十分渺茫，即退一步要求運至我國口案移交，亦恐不能獲得元滿結果，萬一將來和會堅持在日本口案交貨，以我國現有交通工具及財力，將如何使之運抵目的地，即使在我國口案移交，其內運方法及費用是否爲我政府之所能擔負，如果我政府均不能擔負時，其應採之對策如何，是否不惜和會之破裂，仍須堅持我方之主張，抑在某種方面可作讓步。否則有物無法啓運影響實非淺鮮，應請各代表周詳考慮，提示卓見，俾本會能於其中尋擇一種適當之結論。

B、繼運輸之後就是消化問題。我們如何妥置和使用安置在什麼地方，費用多少，如何籌措，原料如何供應，本國有多少，需要購自別國者又多少，日本可能供給我們多少，我們的技術人員是否夠用，如不夠用，我們準備調用日本技術人員多少，需要何項技術人員，每項需要多少，如日本技術人員不敷徵調或不能征調時，我們作何行動，是否尚需聘用其他國籍人員需要若干，均需事前考慮周到，不應臨時應事，此均與賠償問題有密切關聯，甚至可以影響我國賠償政策，均請研究提示俾可預為準備。〔註11〕

雖然賠償委員會已經注意到賠償物資的運輸及分配使用問題，但到底如何處理這些問題，賠償委員會仍在討論之中。在 1947 年 1 月 15 日召開的行政院賠償委員會第二次委員會會議上，與會委員就賠償物資的運輸建置經費預算編製、先期拆遷物資運輸辦法及各部門物資內運次序準則、如何利用日本技術人員協助拆遷物資之建置、民營工廠分配賠償物資之比例應如何核定等問題展開了討論，並初步擬定了日本先期賠償物資遷建噸位及費用簡明表。詳見下表：

日本先期賠償物資遷建噸位及費用簡明表

組別	噸位（噸）	運輸費用（國幣元）	建廠費用		附注
			國幣（元）	美元（元）	
總計	541581.6	298743233250	1547140000000	46285000	
第一小組（工具機）	140761.6	107400000000	881300000000	13230000	參加單位國防交通經濟教育財政等部及資委會
第二小組（造船）	50000	1260000000	70000000000	12000000	參加單位交通部資委會海軍總司令部
第三小組（鋼鐵）	286600	120000000000	179000000000	14850000	參加單位經濟國防等部資委會

〔註11〕《行政院賠償委員會制定有關對日賠償問題之準備事項》，中國第二歷史檔案館館藏檔案，全宗號：2；案卷號：9841；縮微號：16J－1457。

組別	噸位（噸）	運輸費用（國幣元）	建廠費用		附注
			國幣（元）	美元（元）	
第四小組（化工）	21750	45063000000	302040000000	2530000	參加單位經濟國防財政農林等部及資委會
第五小組（電力）	29000	13660000000	77200000000	3345000	參加單位經濟部資委會
第六小組（輕金屬）	13470	6360283250	37600000000	330000	參加單位經濟部資委會

資料來源：《賠償委員會第二次委員會議事日程》，中國第二歷史檔案館館藏檔案，全宗號：2－（2），案卷號：3219；縮微號：16J－1662。

另外對於日本賠償物資內運次序，該會也作了初步規定：

（一）日本賠償主要物資分爲下列三類：

甲、關於工業生產之物資

乙、關於交通運輸之物資

丙、關於國防設備之物資

（二）以上每類優先內運次序

甲、工業生產物資照左列次序內運

　　A、先運電力設備；

　　B、次運機械、鋼鐵及化工、本時期內之急需設備；

　　C、其份量特多之工廠如鋼鐵長得留俟次一時期續運，暫在日本開工。

乙、交通運輸之物資照左列次序內運

　　A、交通港口起卸及疏濬設備

　　B、次運路航及電訊必須設備

　　C、又次運各項補充修理設備

丙、國防設備內運次序由國防機關妥爲擬定報告本會。

丁、其他物資如教育文化用品噸位較低由主管機關擬定報告洽運。〔註12〕

〔註12〕《行政院賠償委員會各項會議議事日程和會議記錄》，中國第二歷史檔案館館藏檔案，全宗號：2－（2）；案卷號：3219；縮微號：16J－1662。

在賠償物資的運輸方面，第一批賠償拆遷物資的內運主要以上海招商局船隻為主，在不敷時以海軍船艦補充之。對於招商局可供中日航運之輪船數量及噸位，賠償委員會也作了調查統計：

一、自由輪十艘　72230 噸　　二、（雜）輪十六艘　42832 噸

三、N3 輪十艘　18503 噸　　四、B 式海輪七艘　9800 噸

五、厭式海輪三艘　LST 輪五艘　25700 噸　海廈一艘

以上共計海輪五十二艘載重量共計 173063 噸

六、油輪二十艘　　LSM 輪十艘　共計三十艘　39223 噸

〔註13〕

在就「先期拆遷賠償」物資的運輸、估價、分配等問題進行討論的同時，賠償委員會還對賠償委員會赴日工作人員的人數、工作人員的待遇、賠償委員會與五人小組的通訊及聯絡方法、對日賠償問題資料調查搜集辦法等作了詳細的規定。下面筆者分別就這些問題作一介紹。

為了順利將日本賠償物資拆遷回國，行政院賠償委員會派遣大量人員赴日執行「先期拆遷賠償」的具體實施工作，這些人員都是由國內各有關單位派往的，並且都是國內各專業的專門技術人員。筆者根據行政院賠償委員會出版的《在日辦理賠償歸還工作綜述》的附錄《駐日代表團日本賠償及歸還物資接收委員會在職同仁名錄》及《曾在日參加賠償歸還工作同仁名錄》初步統計，在日參加日本賠償工作的人員共有 106 人。此外，為了早日完成「先期拆遷賠償」工作，駐日代表團還雇用了一些臨時人員以協助處理相關事務。對於這些工作人員的差旅費用及待遇問題，賠償委員會也作了詳細的規定。下面筆者將在中國第二歷史檔案館館藏行政院檔案中所發現的相關內容摘錄如下：

監督拆遷賠償工廠外勤人員旅費預算　　　　　（單位：日元）

項　目	金　額	附　注
膳宿費	1312500	上項膳宿費係按 125 人一月計算
雜　費	225000	上項車雜費係按 125 人一月計算
車　費	337500	火車費因擬利用美軍專車費包括在內

〔註13〕《行政院賠償委員會各項會議議事日程和會議記錄》，中國第二歷史檔案館館藏檔案，全宗號：2－（2）；案卷號：3219；縮微號：16J－1662。

項　目	金　額	附　　注
合　計	1875000	上開月膳費作蔬菜用項自備食米否則
六個月總計	11250000	每人每日付資外加 200 元

1. 賠償工廠總數約一千所，擬定在首批拆遷中每國獲得 2％即每國可得二十廠。

2. 每廠監督拆遷人員平均以五人計算共需一百人，其餘在各碼頭負責聯絡及監督裝運之人員，估計為二十五人，總供需外勤人員 125 人。

3. 自開始籌備拆遷之日起至完全運出日本口岸需要時間估計為六個月。

4. 上項預算僅按首批拆遷工廠數目（每國二十廠）編製。

5. 日本國內物資自年節後約漲百分之三十至八十，以燃料、肉及旅舍增漲最多。

外交部派赴日本工作人員待遇

1. 治裝費　　組長副組長專門委員　　支美金 79000
　　　　　　　　　　　　　　　　　　（40％美金，60％官價法幣）
　　　　　　專門委員　　　　　　　　支美金 67200
　　　　　　　　　　　　　　　　　　（40％美金，60％官價法幣）
　　　　　　辦事員　　　　　　　　　支美金 55400
　　　　　　　　　　　　　　　　　　（40％美金，60％官價法幣）

2. 機船費　　實報實銷

3. 薪俸　　　底薪×3×0.295 所得之總數支
　　　　　　　　　　　　　　　　　　（40％美金，60％官價法幣）

駐日代表團辦理賠償事宜臨時工作人員費用預算總表

科　目	美金預算數	國幣預算數	備　註
治裝費	6217520 元	3124303800	
機船費	7032960 元		
薪　費	27158880 元	136473372000	
總　計	40409360 元	167716410000	

駐日代表團辦理賠償事宜臨時工作人員費用預算分配表

1. 治裝費

科目	職稱	預計人數	每人發給美金數	共計美金數	實發40%美金預算數	實發60%國幣預算數	備註
治裝費	專門委員	65	7900	5135000	2054000	10321350000	60％國幣數係按照官價以美元1元折合國幣335000元計算
治裝費	專員	110	6720	7392000	2956800	14857920000	
治裝費	組員	35	6720	2352000	940800	4727520000	
治裝費	辦事員	12	55400	664800	265920	1336248000	
總計		222		15543800	6217520	31243038000	

2. 機船費

科目	預計人數	每人往返雙程美金預算數	共計美金數	加列20%機船準備費（美金）	總計美金預算數	備註
機船費	222	26400	5860800	1172160	7032960	1.機船票價實報實銷現按AFC東京上海間單程機票每人美金13200元現價計算。
						2.加列20%機船準備費係工作人員因事實必須於工作期回國及返回東京之飛機票價。
總計	222				7032960	

3. 薪金

科目	職稱	薪級	預計人數	每項薪費預算數	共計八個月薪金預算	實發40%美金預算數	實發60%國幣預算數	備註
薪費	專門委員	60000	65	3451500	27612000	11044800	55500120000	1.60％國幣數以美金 1 元折合國幣 335000 元計算。
薪費	專員	40000	110	3894000	31152000	12440800	62615520000	
薪費	組員	30000	35	929250	7434000	7973600	14942340000	2.底薪乘 30.295 再乘人數為每月薪費數
薪費	辦事員	20000	12	212400	1699200	679680	3415392000	
總計			222	8487150	67897200	27158880	136473372000	

資料來源:《賠償委員會第二次委員會議事日程》,中國第二歷史檔案館館藏檔案,全宗號:2-(2),案卷號:3219;縮微號:16J-1662。

為了加強與駐日代表團五人小組的聯繫,以便順利完成「先期拆遷賠償」工作,行政院賠償委員會制定了與五人小組的通訊及聯絡辦法。

本會與五人小組通訊及聯絡方法

一、為加強與迅速處理對日賠償問題起見,本會與五人小組應採取密切聯繫以赴事功。

二、代表團應依照本會擬定之「對日賠償問題資料調查搜集辦法」經常供給本會有關賠償資料及情報。

三、本會與代表團除有特殊資料及情報得隨時相互寄送外,每周必須交換一般情報一次以資參考。

四、代表團應推定代表一員負責通訊工作。

五、如因搜集資料而有必須之開支可由本會負擔。〔註14〕

同時為了加強日本索賠工作,行政院賠償委員會制定了《對日賠償問題資料調查搜集辦法》,就調查項目、通訊辦法及通訊地點等問題作了詳細說明。

〔註14〕《行政院賠償委員會各項會議議事日程和會議記錄》,中國第二歷史檔案館館藏檔案,全宗號:2-(2);案卷號:3219;縮微號:16J-1662。

對日賠償問題資料調查搜集辦法

一、本會爲研究對日賠償問題特擬定有關資料搜集及調查要點：由
本會派員前往日本或委託在日有關機構及人員調查搜集之。

二、調查項目：

1、日本可供賠償物資及現金之調查。

2、日本戰前工礦實際情形之調查。

3、日本技術人員及勞工之調查。

4、日本人民主權及一般國民經濟之調查。

5、日本今後經濟發展計劃之調查。

6、日本工業秘密之調查。

7、日本農業、漁業、林業之調查。

8、日本通訊及交通設備之調查。

9、日本人口數目之調查。

10、日本進出口貿易之調查。

11、日本經濟組織及其重要人物之調查。

12、其他。

三、凡與賠償問題有關之資料及情報，應盡量搜集採訪，惟情報務
求正確，資料須有研究之價值爲限。

A、資料搜集

1、有關賠償問題之報紙雜誌

2、有關賠償問題之著作及論文

B、情報之採訪

1、遠東委員會有關賠償問題之研擬及決議

2、東京方面有關賠償之處理方案之研究

3、各同盟國對賠償問題之態度及意見

4、各專家對賠償問題之意見及言論

5、日本政府對賠償問題採取之政策及措施

6、日本政府及人民對賠償問題之見解及批評

四、本會爲與各供給資料機關及負責調查搜集人員取得密切聯繫起
見，由本會每周發刊周報一次，刊載各方報送之資料（屬於秘
密者在外）。

五、通訊辦法

  1、凡屬重要情報均以電報拍發

  2、凡屬參考資料由航快寄送

   以上郵電費可由本會撥給

  3.通訊地點：

   ①南京行政院賠償委員會

   ②南京傅厚崗六十六號（代名）收。〔註15〕

  行政院賠償委員會為了利於在日辦理賠償及歸還物資之調查、申請、接受、拆遷等事宜，於1947年6月的第三次會議上，通過在日設立日本賠償及歸還物資接收委員會，同時並建議在國內設立日本賠償歸還物資督運委員會，辦理運輸事宜。1948年春，賠償委員會因歸還工作逐漸展開，為辦理歸還物資之接收、運回、保管、審核發還、與估價、標售等事務，會同外交部擬具《日本歸還被劫物資處理原則》和《日本歸還物資處理委員會組織規程》，呈經行政院1948年3月第四十五次院會議決修正通過，歸還物資處理委員會於是於同年4月26日遵照組織規程成立。自1947年6月起，行政院賠償委員會先後擬定了《日本賠償及歸還物資接收委員會組織規程》、《日本賠償及歸還物資督運委員會組織規程》、《接收及運輸日本賠償及歸還物資辦理原則》、《日本賠償及歸還物資督運綱要》、《日本賠償及歸還物資督運細則》、《日本賠償及歸還物資運輸優先程序原則》及《日本賠償物資接運計劃綱要》等有關「先期拆遷賠償」計劃實施的具體細則，限於篇幅，對於這些規程的具體內容，筆者在此不作詳細介紹。

  在瞭解賠償委員會為執行「先期拆遷賠償」計劃所做準備之後，我們再來簡單瞭解一下三批日本賠償物資的具體接收及運回情況。

  日本「先期拆遷賠償」第一批賠償設備為計件機器，其中包括陸軍兵工廠9個，海軍兵工廠8個，共計17個工廠，共計拆運工具機19561部，重量計8244噸，體積156488立方尺。這批物資中國分得9447部，其中甲級機器5305部，平均每部價值7430日元（1939年日元值）約合800美元，乙級機器4142部，平均每部價值4440日元（1939年日元值）。有關第一批拆遷物資的具體內容詳見下表：

〔註15〕《行政院賠償委員會各項會議議事日程和會議記錄》，中國第二歷史檔案館館藏檔案，全宗號：2－（2）；案卷號：3219；縮微號：16J－1662。

計件賠償第一批工具機內容表

拆遷工廠名稱	所在地	30%賠償機器（部）	原造出品
名古屋陸軍造兵廠 千種製造所	名古屋千種區	1040	航空 30mn 機關炮
名古屋陸軍造兵廠 鷹來製造所	名古屋春日井市	1251	7.7mn 槍炮
丰川海軍工厂 ザギ工厂	愛知縣	391	機關炮彈丸
吳海軍工廠 播磨造船所	慶島	509	造船造機
吳海軍工廠 水野造船所	慶島	696	水電電氣機械
大阪軍部造兵廠 白濱製造所	兵庫	329	大發動艇
相模陸軍造兵廠	神奈川	2363	戰車炮彈
第一海軍技術廠 釜利谷分廠	橫濱	1426	飛機用兵器 試造爆彈製造
橫須賀海軍工廠	神奈川	3032	造船造機造兵
東京第一陸軍造兵廠 仙臺製造所	宮城縣	1588	20mn 彈藥
多賀城海軍廠	宮城縣	1265	20mn 炮彈
川棚海軍工廠	長崎	1278	魚雷
第二十一海軍航空工廠	長崎	1264	飛機及叢機製造
東京陸軍造兵廠 香裏製造所	大阪	104	兵器製造
大阪陸軍造兵廠 大阪製造所		2554	
東京陸軍第一造兵廠 瀧川分工廠		188	
東京陸軍第一造兵廠 練馬陸軍倉庫		281	
		共 19561	

資料來源:《第一批賠償計件機器拆運分配概況及有關文件》,中國第二歷史檔案館館
藏檔案,全宗號:28(2);案卷號:874。

　　第一批日本賠償設備於 1947 年 9 月 23 日由中國首席代表吳半農在盟總
賠償組抽籤分配。10 月 14 日至 12 月 12 日派員檢驗參觀,檢驗結果,決定接
收機器 6545 部;後經第二次檢驗,決定再予接收 1142 部,兩次共接收 7687
部,後來因故有所改動,最後實際共接收 7731 部。

　　第二批設備盟總定名為實驗設備。因為根據盟總規定:同樣儀器設備其
總數僅有 3 套或少於 3 套者及較大之整套設備暫予保留,所以,這批設備在
工業上真正有價值的儀器設備並不多,大多數只能供學校使用。第二批賠償
設備的分配辦法與第一批大致相同,其具體辦法是:將所有設備分成 6 份,
單數者 3 份,雙數者 3 份。每份所含之各類設備之數量、品質、價值力求相
同,然後由中、英、菲、荷四國代表用抽籤方法按照 3:1:1:1 的比例分配。
1947 年 12 月 16 日舉行第二批設備的抽籤儀式,結果國民政府代表抽得單數
者 3 份,英、荷、菲三國代表則各抽得雙數者 1 份。其中國民政府抽得的儀
器設備共計 1710 項,共值 1939 年日幣 694283 元。1948 年 1 月 27 日、28 日
國民政府派人到東京第一陸軍造兵廠檢驗所抽得的第二批賠償設備,剔除其
中殘缺不全無法修理或無法利用的設備 20 件。因此,國民政府實際接收的第
二批賠償設備,共計 1690 件,重量約 735 噸,共值 1939 年日幣 682212 元,
折合美金 177279 元。〔註 16〕有關第二批賠償設備國民政府所接收的具體數量
詳見下表:

第二批實驗設備中國接收數量分類統計表

設備名稱	數量(件)
(一)電氣設備	
1、銅線	30
2、無線電及電報機器零件	218
3、電力變壓器(3.5 千瓦以下)	45
4、開關繼電器及配電板	28

〔註 16〕《在日辦理賠償歸還工作綜述》,中華民國駐日代表團編印,沈雲龍主編:《近
　　　代中國史料叢刊續編》710 輯,臺北:臺灣文海出版有限公司印行 1980 年版,
　　　第 68 頁。

設備名稱	數量（件）
5、各種電錶	187
6、溫度計及高溫計	109
7、電力用電阻電感等	61
8、X 光設備	21
9、直流電動機及發電機（3.5 千瓦以下）	36
10、電動機（交流，3 馬力以下，50 周）	26
11、電動機（交流，3.5 千瓦以下，60 周）	7
12、電動機（交流，5 馬力，60 周）	122
13、電動機（交流，5 馬力以下，周率不計）	20
14、雜項	4
小　　計	915
（二）機械設備	
1、實驗及度量儀器	18
2、氣體、液體流量及速度表	75
3、分釐測量器	57
4、機板塊	28
5、分釐尺	165
6、量角器、卡鉗及雜項樣板	87
7、實驗設備	145
8、雜項	29
小　　計	604
（三）特殊航空設備	
1、電動發電機（飛機無線電用）	111
2、發電機（飛機用）	13
3、電壓調節器	11
4、火花塞試驗器	24
5、航空儀器（飛機用）	12
小　　計	171
共　　計	1690

資料來源：《在日辦理賠償歸還工作綜述》，中華民國駐日代表團編印，沈雲龍主編：

《近代中國史料叢刊續編》710 輯，臺灣文海出版有限公司印行 1980 年版，

附件三十六。

　　第三批賠償設備主要包括：『「先期拆遷賠償」方案內指定供賠的 17 所兵工廠在第一批拆運後剩下的附屬電氣設備和剩餘通用機器設備兩個部分，以及後來盟總增加的 39－66 號、45－5 號及 45－6 號 3 所工廠的全部設備。鑒於前兩批物資分配手續繁瑣，致使拆遷分配受到影響，因此盟總在第三批賠償設備拆遷分配時主要採取了中、英、荷、菲四國代表協商分配的辦法。1948 年 5 月下旬四國代表開始召開協商分配會議，由於中國和菲律賓在發電機分配問題上發生爭議，經過多次會議和磋商後，才於 1948 年 11 月間達成協議，國民政府分得設備 1437 噸。後因美國宣佈停止拆遷，盟總於 1949 年 6 月將分配給國民政府的吳港電廠列入停拆的項目內，使國民政府獲得的設備減至 662 噸左右，減少 53.9%。第三批賠償設備中的剩餘通用設備，於 1948 年 9 月下旬開始協商分配，直至 1949 年 1 月始告一段落，國民政府分得的設備計重 19156 噸，價值 705 萬美元，後亦因美國決定停止拆遷，吳港電廠的 200 噸起重機被剔除。這樣計重減爲 18353 噸，價值減少至 695.7 萬美元。〔註17〕關於第三批內剩餘設備，國民政府分得的情況詳見下表：

第三批內剩餘設備中國分得的情況

設備種類	數　　量
30 噸平爐	2 套
10 噸電爐	2 套
6 噸電爐	1 套
半噸電爐	1 套
鍋爐	75 套
空氣壓縮機	145 套
起重機	425 架
煤氣發生爐	3 套
電焊機	315 架

〔註17〕孟國祥、喻德文著：《中國抗戰損失與戰後索賠始末》，安徽人民出版社，1995 年 2 月第 1 版，第 253 頁。

設備種類	數　　量
汽油桶製造設備	1 套
氧氣製造設備	2 套
各種電動機	839 臺
各種水泵	306 臺
車刀、銑刀	150 噸
總計總重量	19156 噸

資料來源：秦孝儀主編：《中華民國重要史料初編——對日抗戰時期》第二編《作戰經過》（四），中國
　　　　國民黨中央委員會黨史委員會編印，1981 年臺北版，第 138 頁。

　　1948 年 1 月 11 日，由國民政府賠償委員會向招商局洽定裝載賠償物資的
海康號輪船駛抵日本橫須賀，這是戰後盟國赴日運載賠償物資的第一艘輪
船。首批物資於 1 月 16 日裝畢，計 453 箱，1610 噸。以後海浙、永興等輪船
相繼赴日，平均每月有 2 艘抵日裝運。至 1949 年 10 月共派輪船 18 次，將第
一批第二批的賠償設備全部運回國內，使運輸工作暫告一段落。〔註 18〕第三
批物資從 1949 年 6 月開始啟運，第一次運回物資 660 噸，但因此時大陸已大
部分解放，該物資於 7 月初運抵臺灣基隆，至 9 月底又運輸了兩次，大約在
1949 年底運輸完畢。

　　因此，在整個「先期拆遷賠償」執行過程中，國民政府先後從日本運回
了三批工業設備，同時還接收了一些日本剩餘軍艦。「第一、二批運回物資，
計為工具機及輔助金屬成形及截剪機械兩類。工具機中包括鐙床、拉床、鑽
床、切齒機、磨床、車床、銑床、龍門、刨床等須輔助金屬。成形及截剪機
械中，包括水壓機、機械壓機、剪刀及沖眼機、鍛工機線絲、成形機、手壓
機等項共計七千六百八十六部，重量五萬二千另三十四噸。第二批為實驗設
備，共計一千六百九十具，重量七百卅五噸以上。第三批計分電氣設備及剩
餘設備兩類，電器設備包括一萬五千瓦的蒸汽發電機一套，四百五十瓦柴
油發電機一套，汽動發電機三套，馬達發電機二十八套，一千瓦變壓器三具，
配電所十一所等項，重量六百六十一公噸。剩餘設備中，包括煉鋼用三十噸
平爐二套，十噸電爐二套，六噸電爐一套，半噸電爐一套，鍋爐七十五套，
空氣壓縮機一四五套，起重機四二五套，煤氣發生爐三套，電焊機三一三具，

〔註18〕孟國祥、喻德文著：《中國抗戰損失與戰後索賠始末》，安徽人民出版社，1995
　　　　年 2 月第 1 版，第 254 頁。

汽油桶製造設備一套，氧氣製造設備二套，各種馬達八百三十九具，各種打水機三零六隻，各種車刀銑刀一五零噸等項，計重一萬九千一百六十六公噸。兩共重一萬九千八百二十七公噸。」〔註19〕到 1949 年，國民政府從日本所取得的實物賠償只占「先期拆遷賠償」計劃允諾分給中國 15%中的極小部分，約 2200 萬美元（未減去已停拆的吳港發電廠和起重機的價值）。與國民政府最初期望的 50%及 1947 年 9 月遠東委員會分配給中國的攤額 30%相距甚遠，可以說只是作了象徵性的賠償。

關於日本剩餘軍艦的處理，盟總規定：「賠償中並不包括任何主力艦、航空母艦、巡洋艦並潛水艇，此項艦隻正在拆毀中。」〔註20〕其餘艦隻由中、美、英、蘇四國以抽籤的方式進行平分。因此分配予四國的只是一些小型的艦隻。自 1947 年 6 月 27 日起，四國在東京分四次抽籤。在前三次抽籤中，中方共分得驅逐艦、護衛艦、運輸艦 24 艘，每次 8 艘。前兩批分得的 16 艘開抵上海港，由海軍少將方瑩接收。第三批 8 艘開抵青島，第四批開抵臺灣左營港，由海軍第三基地司令黃緒虞接收。其中，最大噸位 3485 噸，小者數百噸，總噸位不足五萬噸〔註21〕。

第三節　賠償物資的分配及使用

通過「先期拆遷賠償」計劃，國民政府先後從日本運回三批價值約 2200 萬美元的賠償設備。關於這些物資運回國內後的分配及使用情況，一直是史學界研究日本戰爭賠償問題時常常忽略之處。考察日本賠償物資的分配和使用情況，不但可以幫助我們更好地瞭解國民政府各部門在對日戰爭賠償問題上的態度，同時還有助於我們通過賠償物資的使用情況來瞭解國民政府對日戰爭索賠的實效。因此，本節試就先期拆遷賠償物資的分配及使用情況作一簡單的分析。

早在國民政府行政院賠償委員會在討論「先期拆遷賠償」方案的具體實施細則時，就已經考慮到了日本賠償物資的分配及使用情況。

〔註19〕中華民國外交問題研究會編：《中日外交史料叢編》（七）《日本投降與我國對日態度及對俄交涉》，中國國民黨中央委員會黨史委員會發行 1995 年 8 月版，第 351 頁。

〔註20〕參見《大公報》（天津），1947 年 5 月 30 日。

〔註21〕秦孝儀主編：《中華民國重要史料初編——對日抗戰時期》第二編《作戰經過》（四），中國國民黨中央委員會黨史委員會編印，1981 年臺北版，第 124～133 頁。

　　根據國民政府外交部檔案《日本賠償問題要點》顯示，在遠東委員會擬定日本賠償計劃時，國民政府相關部門就已經考慮到日本賠償物資的分配及使用情況，並且有了以下初步設想：此次賠償計劃，關係我國復興，亦世界視聽所注，非全部兌現不可。計劃中之各工業單位。不論國營、民營。均應早日開始籌備依照計劃中之地點及規模，組織機構，羅致人才，購地建屋，並與美國取得聯絡，庶機器設備由日本運到時，即可分頭裝設，秩序井然並能如期開工，不負人民期望，決不可堆置機房，聽其鏽爛，致遺笑於世界列國。

　　日本賠償，將爲我國一筆最大之資產，亦即十四年來數萬軍民流血及四萬萬同胞抗戰之代價，其經營方式，自應以國營事業爲主體，但一部分亦可採用公開招股組織商辦公司之方式。爲力求公允起見，似可於事業範圍，設廠地點，資本大小，各點議定之後，由政府列表公佈，招致各界人民認股，每一股東不得佔有公司全股百分之五以上，務使各事業股權充分分配於各地人民。（程孝剛君之勞本制度亦可採用）今後事業之成敗，全視組織之是否健全，不論國營民營，組織最爲重要，不可不愼於始也。

　　根據日本賠償設備而建設之事業，其責任自以經濟部爲最重，此外交通部軍政部農林部教育部均有關係，愚見以爲在行政院之下，應設一「賠償建設指導委員會」由行政院特派經濟部長爲主任專員，授以統籌規劃、分配物質、指導組織、解決事議之大權，此委員會具有超然之地位，本身不辦事事業，但須督促指導各方面迅速開始建設，俾整個建設得到全面之統籌，各項工業得到平衡之發展，計日程功，成效庶可期也。〔註22〕

　　在 1947 年 1 月 15 日召開的行政院賠償委員會第二次委員會會議上，與會委員也已經就民營工廠分配賠償物資之比例究竟應如何確定問題進行了討論，並決定：（1）民營工廠分配賠償物資之比例在整個賠償計劃未制訂前，不便單獨予以確定，惟可供民營事業之設備可以價配使用。（2）賠償人民損失問題，事實上確有困難，先指定經濟、交通、外交等部及資委會協同會擬適當方案，提會商決。〔註23〕作爲在抗日戰爭中作出巨大犧牲的民營工業，在戰後的日本戰爭賠償問題上，各民營企業希望能夠從日本獲得合理的補

〔註22〕 《有關日本賠償參考資料》，臺灣中央研究院近代史研究所館藏國民政府外交部檔案，檔案號：077.9／0006；影像號：11－EAP－02315。
〔註23〕 《行政院賠償委員會各項會議議事日程和會議記錄》，中國第二歷史檔案館館藏檔案，全宗號：2－（2）；案卷號：3219；縮微號：16J－1662。

償。爲此上海市商會和中國全國工業協會代表全國民營工商業界向國民政府行政院遞交公函，希望行政院賠償委員會在分配日本賠償物資時，能夠盡可能多地提高民營工業的分配比例，另外，民營工商業界還希望能夠參加到拆遷日本工業項目之中，並派人赴日參加「先期拆遷賠償」工作。對於民營工商業界的請求，國民政府行政院經濟部認爲：「查此次抗戰我國民營事業受損甚重，對於分配日本賠償物資事項自應就賠償物資中予民營事業以較高之比例分配，以資補償。本部意見，擬就整個日本賠償我國物資中以三分之一分配民營事業。關於民營事業參加拆遷日本機器等項工作乃係對外舉措，應由政府整個主持以免分岐，本部主管民營事業應即由本部派遣高級人員並選派若干民營事業之高級專門人員赴日參加賠償委員會工作，俾可將賠償情形斟酌與民營事業取得聯繫。」〔註24〕從上述經濟部的意見中，我們可以發現，該部同意了提高民營事業日本賠償分配比例的問題，但對於民營事業派人參加赴日拆遷工作，因爲涉及外交事務，而加以拒絕。但時，經濟部確定的分配民營事業三分之一日本賠償物資的比例，卻基本確立下來，此後民營事業申請日本賠償基本就是以三分之一爲限的。

日本可供賠償盟國之工業設備經由盟軍總部發表者計有以下幾類：（A）飛機工業（B）造船工業（C）工作機械工業（D）鋼鐵工業（E）火力工業（F）陸海軍兵工廠（G）化學工業（H）鋼珠軸承工業（I）輕金屬工業（J）合成橡膠工業（K）人造石油工業（L）人造絲工業。但「先期拆遷賠償」方案所公佈的日本賠償物資主要是陸海軍工廠飛機工業。對於日本賠償物資到底按照什麼標準進行分配，行政院賠償委員會擬定了三套方案，即：（1）依工業性能分配，（2）依需要緩急分配，（3）依五年物資建設計劃分配。〔註25〕由於長期遭受日本侵略，在抗戰勝利後爲了盡快恢復遭受破壞的國民經濟，國民政府公佈了五年建設計劃。在日本賠償方面，國民政府各部門尤其是負責全國經濟建設的資源委員會，希望能夠通過日本賠償來補充國民政府五年建設計劃所需的機器設備，並根據五年建設計劃擬定了對日索賠物資的清單，在此後的日本賠償分配方面，基本也是按照五年建設計劃的需要而進行。

〔註24〕《行政院賠償委員會各項會議議事日程和會議記錄》，中國第二歷史檔案館館藏檔案，全宗號：2－（2）；案卷號：3219；縮微號：16J－1662。

〔註25〕《第一批賠償計件机器拆運分配概況及有關文件》，中國第二歷史檔案館館藏檔案，全宗號：28（2）；案卷號：874。

　　由於第一批日本拆遷賠償物資主要以計件工具機為主，對於民營事業作用不是很大。因此，經行政院賠償委員會決定，將其中的四分之一交由經濟部負責分配給民營事業單位，剩下的四分之三由國防部、交通部、資源委員會、教育部等部門按照原定申請計劃數額比例進行分配。其中國防部等部門各自的分配數額詳見下表：

申請部會	分配數量（部）	百分數
國防部	3598	38.1%
交通部	1501	15.9%
經濟部	2362	25.0%
資委會	1392	14.7%
教育部	592	6.3%
共　計	9447	100%

資料來源：《第一批賠償計件機器拆運分配概況及有關文件》，中國第二歷史檔案館館藏檔案，全宗號：28（2），案卷號：874。

　　另外資源委員會所接收的日本賠償第一批設備共計1392部，其具體的分配去向，詳見下表：

資源委員會所屬接收先期賠償物資第一批計件工具機單位表

單位名稱	地點	部數	附簡表	
中央機器公司（天津機器廠）	天津	26	本會接收先期賠償物資第一批計件工具機簡明表	
中央機器公司（馬鞍山工具機廠）	馬鞍山	394		
通用機器公司	上海	300	接受組別	部數
臺灣機器造船公司	臺灣	40	機械組	720
中央造船廠	上海	50	造船組	90
中央電工器材廠（湘潭廠）	湘潭	150	電工組	300
中央無線電公司（南京廠）	南京	45	電力組	30
中央無線電公司（天津廠）	天津	35	化工組	22
中央有線電公司	南京	50	鋼鐵組	70
中央絕緣電器公司	南京	20	煤業組	97

單位名稱	地點	部數	附簡表	
馬鞍山電廠	馬鞍山	3	水泥組	7
徐州電廠	徐州	2	糖業組	24
蘭州電廠	蘭州	3	金屬組	32
西安電廠	西安	3	共　計	1392
灌縣電廠	灌縣	3		
五通橋電廠	五通橋	3		
柳州電廠	柳州	2		
長沙電廠	長沙	4		
廣州電廠	廣州	2		
臺北電廠	臺北	2		
武昌電廠	武昌	2		
青島電廠	青島	1		
中央鉀肥公司	廣州	9		
中央化工廠	南京	9		
錦屏磷肥公司	海州	4		
華中鋼鐵公司	大冶	10		
鞍山鋼鐵公司	鞍山	30		
華北鋼鐵公司	石景山	30		
湘潭煤礦有限公司	湘潭	30		
淄博煤礦有限公司	博山	18		
八字嶺煤礦有限公司	坪石	14		
高亢煤礦有限公司	萍鄉	15		
祈零煤礦有限公司	零陵	10		
湘永煤礦公司	永興	10		
臺灣水泥公司	臺灣	7		
臺灣糖業公司	臺灣	24		
第一區特種礦產管理處	贛州	16		
第二區特種礦產管理處	長沙	16		
	共　計	1392 部		

資料來源：《第一批賠償計件機器拆運分配概況及有關文件》，中國第二歷史檔案館館藏檔案，全宗號：28（2）；案卷號：874。

由於第一批賠償設備國民政府應獲得的數額與國民政府最終接收的部分有所出入，因此行政院賠償委員會在積極制定詳細計劃的同時，也對該批設備的相關問題作了如下說明：

一、第一批計件工具機最初四盟國間分配時，我國獲得 9447 部，後因調整四國之機器總價值及一級與二級機器之比數等，我國分得確數先後曾略有變更，國內分配時盡可以 9447 部為準，各部分所分配之機器之數量如因已有及將來之變更致有出入時，將來可在第二批計件機器分配時調整，請盡速本既定之方法早日分配就緒，勿以區區之數量上之差異而遷延時間。

二、我國分得之第一批計件機器檢驗時，因一部分機器品質欠佳暫未接收（所有權並未喪失），暫未接收之機器之處理辦法現尚未決定，國內各部會分配機器之數量將因一部分暫未接收之機器而略有出入，其比較短少者在第二批計件機器內優先補償。

三、此次按接收機器中一部分單獨馬達傳動機之機器缺少馬達，檢驗時此項缺少馬達之機器大部分併未因缺少馬達而列入暫不接收之內，仍視機器本身之品質而定取捨，國內如有不願接收等意見請早日提出。此項缺少馬達曾提出 RTAC 討論，不先責成日本補償。

四、一部分計件機器將售與民營廠家，其估價問題尚待解決，盟總所發之清單上本有價值一項，惟所估計價格數字較高（前盟國賠償技術顧問委員會已提出檢討）且各機器間之互相比值亦未見平衡，此一特殊顯著情形當為提出。〔註26〕

戰後在國內負責處理日本賠償物資分配及使用的主要部門為資源委員會，根據中國第二歷史檔案館館藏資源委員會檔案《資源委員會接受日本先期拆遷賠償物資概述》記載，在遠東委員會決定日本賠償物資分期拆遷後，資源委員會為便於拆遷工作的順利進行，在會內設立日本賠償拆遷委員會，內設秘書主任及財務、運輸、機械、造船、電力、化工、金屬九組分別規劃辦理拆遷事宜，其主要任務為：（1）綜合本會各單位有關賠償之申請與計劃；（2）

〔註26〕《第一批賠償計件机器拆運分配概況及有關文件》，中國第二歷史檔案館館藏檔案，全宗號：28（2）；案卷號：874。

核定本會各單位物資及經費之分配；（3）辦理物資拆遷一切必要準備；（4）解決有關分配經費運輸等項所生之困難。〔註27〕在「先期拆遷賠償」方案公佈之後，資源委員會及國民政府其他各部門所接受的日本賠償設備主要有：

資源委員會接受賠償物資種類噸位表

種　類	噸　位	百分比
鋼鐵	185000	64.269
機器	24250	8.426
造船	48000	16.675
電力	20800	7.226
化工	5550	1.928
輕金屬	4250	1.476
總　計	287850	100%

資源委員會與中央各接受賠償物資單位噸位比較表

機關名稱	鋼鐵	機械	造船	電力	化工	金屬	小計	百分比
本會	185000	24250	48000	20800	5550	4250	287850	59.59%
國防部	16250	46003	48000	1900	5900		118053	24.49%
交通部		24880	13000				37880	7.85%
經濟部	250	12800	9000	12000	2800	960	37810	7.83%
教育部		665					665	0.14%
小　計	201500	108598	118000	34700	14250	5210	482258	100%

資料來源：《資源委員會接受日本先期拆遷賠償物資概述》，中國第二歷史檔案館館藏
　　　　　檔案，全宗號：28（2）；案卷號：877。

　　資源委員會所接收日本賠償設備大部分為兵工設備及重工業設備，資源委員會在接收後主要將這些設備分配給其下屬的三十餘家單位以從事建廠生產工作，這些設備的主要去向詳見下表：

〔註27〕《資源委員會接受日本先期拆遷賠償物資概述》，中國第二歷史檔案館館藏檔
　　　　案，全宗號：28（2）；案卷號：877。

資源委員會各受廠接受噸位及廠址表

區域	工廠名稱	噸位（噸）	部門	同部門合併噸位（噸）
上海	中央造船公司	48000	造船	48000
	上海鋁業公司	4250	輕金屬	4250
	通用機器公司	2925	機械	3625
	中央機器公司	700		
	小　計	55875	小　計	55875
南京	中央機器公司	5290	機械	7215
	中央化工廠	950	化工	950
	中央有線電公司	875		
	中央無線電公司南京廠	700		
	中央絕緣器材公司	350		
	小　計	8165	小　計	8165
大冶	華中鋼鐵公司	185000	鋼鐵	185000
	大冶電廠	8000	電力	8000
	小　計	193000	小　計	193000
漢口	中央電工廠（湘潭）	4135	機械	4135
	長沙電廠（湘潭站）	2850	電力	2850
	小　計	6985	小　計	6985
廣州	廣州電廠	5450	電力	5450
	中央銨肥公司	2000	化工	2000
	小　計	7450	小　計	7450
青島	青島電廠	2000	電力	2000
天津	天津化工廠	1300	機械	2800
	冀北電力公司天津電廠	2500	化工	1300
	中央機器公司天津廠	1400	電力	2500

區域	工廠名稱	噸位（噸）	部門	同部門合併噸位（噸）
天津	中央電工廠天津廠	700		
	中央無線電公司天津廠	700		
	小　計	6600	小　計	6600
瀋陽	瀋陽機器廠	1750	機械	2100
	瀋陽機車車輛公司			
	中央機器公司瀋陽廠	350		
	小　計	2100	小　計	2100
臺灣	臺灣城業公司（高雄）	1300	化工	1300
	臺灣機船公司高雄廠	525	機械	525
	臺灣機械造船公司（基隆）			
	小　計	1825	小　計	1825
其他廠礦		3850		3850
總　計		287850		287850

資料來源：《資源委員會接受日本先期拆遷賠償物資概述》，中國第二歷史檔案館館藏檔案，全宗號：28（2）；案卷號：877。

　　資源委員會接受日本賠償物資建設工廠地區共計分東北、華北、華中、華南、京滬、臺灣六大區，類別共計分爲鋼鐵、機械、造船、電機、化工、輕金屬六大類。下面筆者試就這六大類設備的分配及使用情況，作一簡單介紹：

（一）鋼鐵

　　1. 東北方面設有鞍山鋼鐵公司接受日本賠償物資計 49000 噸。

　　（附注：因時局關係鞍山鋼鐵公司接受日本賠償物資已全部轉讓華中鋼鐵公司）

初期建設完成後每年產量計	全部建設完成後每年產量計
焦炭 540000 噸，鋼錠 550000 噸	焦炭 1200000 噸，生鐵 1000000 噸
生鐵 450000 噸，軋製品 420000 噸	鋼鐵 1200000 噸，軋製品 900000 噸

2. 華北方面設有華北鋼鐵公司，此次接受日本賠償物資計 68000 噸。

（附注：因時局關係華北鋼鐵公司接受日本賠償物資已全部轉讓華中鋼鐵公司）

初期建設完成後每年產量計	全部建設完成後每年產量計
焦炭 480000 噸，鋼錠 340000 噸	焦炭 720000 噸，鋼錠 600000 噸
生鐵 400000 噸，軋製品 260000 噸	生鐵 600000 噸，軋製品 450000 噸

3. 華中方面設有華中鋼鐵公司，此次接受日本賠償物資計 96000 噸。

（附注：因時局關係華中鋼鐵公司可能成爲全國鋼鐵中心，接受賠償物資總額可達 185000 噸，該廠將來生產皆隨之而增加）

初期建設完成後每年產量計	全部建設完成後每年產量計
焦炭 360000 噸，鋼錠 475000 噸	焦炭 270000 噸，鋼錠 1000000 噸
生鐵 330000 噸，軋製品 375000 噸	生鐵 660000 噸，軋製品 780000 噸

（二）機器

設有中央、通用二機器公司，瀋陽機器廠，瀋陽機車車輛公司，此次接受物資連同電機製造設備，共計 24250 噸，建設完成後其主要年產品計工具機 2200 部，內燃機 37810 馬力，機車 800 部，自行車 35000 部。

（三）造船

設有中央造船公司於上海，此次接受物資計 48000 噸，全部建設完成後，每年可造船 100000 噸，修船 1000000 噸。

（四）電力

設有大冶、湘潭、廣州、青島、天津等電廠，此次接受物資計 20800 噸，全部建設完成後，可發電 208000 千瓦。

（五）化工

設有中央化工廠（南京），中央鉀肥廠（廣州），天津化工廠，臺灣城業公司，此次接受物資計 5550 噸，建設完成後，計每年產量硫酸 365000 噸，城 23000 噸，肥料 108000 噸。

（附注：天津化工廠擬遷往四川長壽縣）

（六）輕金屬

設有上海鋁銅製品公司，此次接受物資計 4250 噸，初期完成後，軋製鋁銅各種工業用品。〔註28〕

以上是國民政府資源委員會就戰後日本賠償設備的分配及使用情況，在日本賠償設備分配民營事業部分，行政院賠償委員會應民營工商業界的強烈要求，先後於 1947 年 7 月 7 日和 12 月 11 日，公佈了《民營事業申請價配日本賠償物資辦法》、《配售民營事業日本賠償物資評價辦法》及《配售民營事業日本賠償物資評價委員會組織規程》等政策文件，對民營事業（對中華民國人民出資經營事業的簡稱）申請價配日本賠償物資作了詳細說明。除此之外，行政院賠償委員會還擬定了《民營事業價購日本賠償物資契約》，就民營事業申請日本賠償設備與經濟部所定條約的詳細內容作了說明。該契約對民營事業價購日本賠償物資的繳費辦法作了詳細說明，其主要內容如下：甲方（立契約人）價購之物資其詳細清單以在東京盟軍總部發表拆遷工廠設備中所列各項機器設備之品名、種類、式樣、規格、能力、大小及數量爲準；自我國港口起貨所需費用由甲方自行負擔；甲方所購物資之價值以照評價委員會評定數額經審定者爲準，並以美金爲計算單位。〔註29〕

第四節　「先期拆遷賠償」的夭折及其原因

由於「先期拆遷賠償」是美國政府在遠東委員會各國就「戰利品」、平時工業水準及分配比例等問題爭論不休，致使日本戰爭賠償問題一直處於論而不決的狀態之下，以頒佈臨時指令的形式實施的，因此「先期拆遷賠償」是美國對日政策的產物。另外由於在戰後美國實現了對日本的單獨佔領，雖然遠東委員會名義上是戰後盟國處理日本問題的決策機構，但具體的執行卻需要通過美國掌控下的駐日盟軍總司令部，所以戰後盟國的對日政策很大程度上是美國意志的體現，日本戰爭賠償問題也不例外。國民政府要實現對日戰爭索賠的目的，首先必須取得美國的支持，同時也要協調好與遠東委員會各盟國的關係。「先期拆遷賠償」方案雖然已經出臺，但其最終的實施情況，仍

〔註28〕 《資源委員會擬定準備接受日本先期拆遷賠償物資概述》，中國第二歷史檔案館編：《中華民國史檔案資料彙編》第五輯，第三編外交，江蘇古籍出版社 2000 年 1 月第 1 版，第 283～285 頁。

〔註29〕 《民營事業價購日本賠償物資契約》，南京市圖書館古籍部館藏。

取決定於美國的對日政策。本節試就戰後美國對日政策的轉變及「先期拆遷賠償」的夭折原因作一分析。

戰後美國對日態度隨著遠東國際形勢及中國解放戰爭的勝利發展開始發生轉變，由最初的嚴格限制日本到後來的扶日反共，在日本戰爭賠償問題上，則表現為歷次賠償調查團的派遣。下面筆者將就美國歷次賠償調查團的派遣及美國對日政策轉變的軌跡作一分析。

在 1946 年鮑萊報告與臨時賠償方案發表以後，由於美蘇對立的日益尖銳，國際形勢發生了急劇變化。在遠東方面，美國開始轉變戰後對日政策，希望將日本扶植成反蘇反共的基地。美國政府之所以作出這一判斷，是因為日本在美軍進駐以後，國內秩序安定，對美則極盡恭順奉迎之能事，表面上又極力模仿民主，以取得美國歡心。美國朝野，尤其陸軍部方面，均認為日本原有相當工業基礎，如能加以培植，使之成為美國卵翼下之力量，對於美國執行遠東政策必有裨益。此外，美國佔領日本以後，除負擔佔領費外，為防止疾疫與動亂起見，每年接濟日本之食品與其他救濟品約達 4 億美元之巨，所以就經濟方面而言，美國亦亟願增加日本之生產與出口，俾日本能漸獲經濟上之自給而減少美國之負擔。〔註30〕基於以上因素的考量。美國對日之態度，開始由敵視與防範轉為袒護與扶植。

1947 年 1 月 28 日，美國陸軍部派遣曾任美國駐德軍政府賠償代表斯揣克（Cliff Strike）攜實業家多人赴日調查日本經濟情形，估計賠償物資價值，並研究其他相關問題，歷時一個多月，是為斯揣克第一次調查。1947 年 2 月 18 日，在赴日不到一個月的時間內，斯揣克便向記者發表公開談話，認為：（1）本調查團之報告與鮑萊的報告不同，如被採納，保留的工業不僅必須供日本國內需要，而且要供應輸出物品，以抵償輸入的原料和生活必需品。（2）計算保留工業的數量應以日本能在 1950～1951 年能夠恢復 1930～1934 年的經濟生活水平，實現其經濟自立為準則。（3）日本本土可耕地僅占全日本面積的 15%，人口特別多的都市，生活怎樣維持，應該加以研究。（4）不考慮紡織工業的減少。〔註31〕此次斯揣克所領導的調查團是美國陸軍部與麥克阿瑟元帥鑒於日本賠償基率有再檢討之必要的情況下派遣的，美國政府在表面上

〔註30〕《在日辦理賠償歸還工作綜述》，中華民國駐日代表團編印，沈雲龍主編：《近代中國史料叢刊續編》710 輯，臺灣文海出版有限公司印行 1980 年版，第 43 頁。

〔註31〕李正堂著：《中國人關注的話題：戰爭索賠》，新華出版社 1999 年 8 月第 1 版，第 198 頁。

雖然沒有根據斯揣克的意見而採取行動，但斯揣克的這次赴日調查卻成爲美國對日賠償政策轉變的一大轉折點。

在斯揣克回國不久，美國陸軍部又於 1947 年 7 月與以斯揣克爲主席的海外顧問公司（Overseas Consultant Incorporated），訂立合約，令其派員赴日，對日本工業實際能力、日本經濟安定與自給所需要之工業設備及可供賠償之數量，加以廣泛而詳盡之研究，並提出意見。海外顧問公司係由美國若干工程及估價公司所組成，其目的在於協助陸軍部及國務院分析美國海外佔領地之工業情形。自 1947 年 7 月訂立合約至 1947 年 12 月，海外顧問公司先後派遣數批專家赴日調研。12 月該公司人員返美以後，經過三個月時間整理材料，膽寫報告，於 1948 年 2 月 27 日將報告提交陸軍部，3 月 2 日，陸軍部發表報告之節要，3 月 10 日，發表全文。因爲該公司的主持人爲斯揣克，故這一報告又稱「斯揣克報告」。

「斯揣克報告」分爲兩個部分。第一部分爲根據美國三部協調委員會所擬日本平時自給經濟所需各種工業應保留之能力，將各種工業設備加以調查，並估計其數量與價值後，擬定供賠及應保留之數量。第二部分則爲根據該公司本身對於保留供賠之意見而提出之結論與建議。第二部分的主要內容如下：（1）日本缺乏作戰所需的原料，自從喪失殖民地和佔領地以後，缺乏尤甚，製造槍炮、坦克、軍艦、飛機和軍火的設備多被消滅，且無軍事組織。只要有效地管制這類活動，日本發動戰爭的可能性就會被消除。（2）日本非但失去殖民地和佔領地，而且也受到重大損失。工廠多遭破壞，機器有失保養，商船噸位大減，各種原料和動力都很貧乏。且日本可耕地很少，而人口激增，故要恢復日本平時必需的經濟極爲不易。（3）爲維持激增的人口，日本所需的糧食，原料和其他生活必需品的進口較前更多，故必需大量生產品出口，以支持進口。因此，爲維持平時生活水平，日本就需要大量生產工具，並利用其勞動力從事生產。（4）除主要戰爭工業外，可在日本有效使用的生產設備都不應拆遷。（5）可供賠償的主要作戰工業和其它工業設備有：硝酸——年生產能力 10.7 萬噸，人造橡膠 9000 噸，造船 38.5 萬噸，鋁鎂軋延 5 萬噸，鎂還原 480 噸。以上設備以 1939 年的日元計價，共值 172269000 日元，還有主要作戰價值 1475887000 日元，總計 1648156000 日元。〔註32〕

─────────────────────

〔註32〕高平、唐芸、陽雨編著：《血債：對日索賠紀實》，國際文化出版公司 1997 年 5 月第 1 版，第 179～180 頁。

　　與「鮑萊報告」以及「臨時賠償方案」相比較，「斯揣克報告」的基本用意已經有了很大不同，反應美國對日戰爭賠償政策的巨大轉變。（1）「鮑萊報告」和「臨時賠償方案」的基本精神是要消除日本經濟中的作戰力量，「斯揣克報告」則認爲日本的作戰能力已經消除，而側重在日本經濟力量的恢復；（2）「斯揣克報告」認爲「鮑萊報告」和「臨時賠償方案」建議保留的日本工業生產能力爲數太少。據其估計，爲維持日本 1930 年至 1934 年的生活水平；（3）「鮑萊報告」主張日本工業應以輕工業爲主，「斯揣克報告」則主張維持重工業，對於鋼鐵一項甚至主張擴大到 800 萬噸，而戰前日本最高生產量也只有 782 萬噸；（4）「鮑萊報告」主張限制日本工業，以僅足夠維持國民生活爲度，「斯揣克報告」則主張日本工業除供應本國國民生活的需要外，還要利用其能力供應遠東各國對於生產工具的需要，以幫助其復興；（5）結果，「臨時賠償方案」規定拆遷的戰爭支柱工業，「斯揣克報告」主張大部分保留，僅建議拆遷硝酸等五項；（6）甚至主要軍需工業，「斯揣克報告」原則上雖主張全拆，但也以平時生產可利用爲理由，建議保留民營軍需工業 45 家，飛機製造業 108 家。〔註 33〕以致於當「斯揣克報告」發表後，在東京的盟國人士中流傳著這樣一句話，即「賠償尚未開始，竟來了兩次罷工」（斯揣克姓氏 Strike 在英語中與罷工一詞相同）。〔註 34〕

　　1948 年 3 月，「斯揣克報告」發表後，美國政府尙嫌斯揣克的建議不夠寬容。於是 1948 年 3 月 15 日，美國陸軍部又派遣美國陸軍次長屈萊柏（William Draper）率領強斯頓（Percy H・Johnston）、霍甫門（Paul G・Hoffman）等美國實業家多人，以陸軍部日韓經濟問題調查委員會（Secretary of the Army's Committee to Inquire into Problems of Japan and Korea）的名義赴日調查日本經濟情形，並研究有關「斯揣克報告」所建議充賠之各項工業。該調查團一行 13 人於 3 月 20 日抵日，4 月 2 日啓程歸國。5 月 18 日，美國陸軍部發表了該團之調查報告，因爲該團團長爲強斯頓，所以該報告又被稱爲「強斯頓報告」。

　　「強斯頓報告」認爲：戰後日本因殖民地喪失，食料和原料缺少，本土的工廠曾受直接間接戰災甚巨，致使現在的生產量不過是 1930～1934 年平均

〔註33〕《在日辦理賠償歸還工作綜述》，中華民國駐日代表團編印，沈雲龍主編：《近代中國史料叢刊續編》710 輯，臺灣文海出版有限公司印行 1980 年版，第 46 頁。

〔註34〕孟國祥、喻德文著：《中國抗戰損失與戰後索賠始末》，安徽人民出版社 1995 年 2 月第 1 版，第 237 頁。

數量的 45%。且海外日本人撤回五、六百萬人，每年人口約增加 100 萬人，故必須運用大量的生產工具，增加生產和輸出，才能維持其人民的生活。美國自日本投降以來，就負擔全部佔領費用，每年接濟日本的食品和其他救濟品達 4 億美元之多，美國納稅人的負擔太重。而日本已經解除武裝，政治漸趨民主，人民甚是勤勞，仍具有潛在的生產能力。因此，建議美國應迅速扶助日本經濟的復興。其具體辦法是：借予款項、增加商船、供給原料、增加生產和輸出。在日本戰爭賠償方面，則主張大量減少供賠償物資。基於以上考慮，「強斯頓報告」就日本戰爭賠償問題提出了以下建議：（1）日本海外資產應正式提充賠償，給予原接收國家。（2）日本政府所有兵工廠設備，除盟總認為佔領工作和日本平時經濟所需要者以及遠東委員會 1946 年 5 月 13 日決議案規定留待日後處理的非軍用設備外，方可全部充賠。（3）支持戰爭的工業設備應以下列年產能力提充賠償：硝酸 8.3 萬噸，人造橡膠 750 噸，造船能力 16 萬噸，鋁鎂軋延設備 5 萬噸，鎂還原設備 480 噸。（4）充賠主要戰爭工業設備僅僅包括政府所有的兵工廠和硝酸等其他供賠的工業設備。（5）以上辦法應由美國政府直接命令盟總執行，並規定各同盟國分配率和各國決定分配率的期限，及各同盟國接收所分配物資的期限，以前有關賠償的指令全部廢止。（6）除上述設備外，不能再將其他工業設備供賠，除非授權盟總另覓代替設備。〔註35〕

從上述歷次賠償調查團的派遣及各調查團歸國後發表的調查報告，我們可以發現美國的對日政策開始發生重要轉變，在日本戰爭賠償方面，為了扶植日本復興經濟，已經開始考慮放棄日本的戰爭賠償，對於「先期拆遷賠償」也準備終止。

1949 年 5 月 13 日，美國政府頒發第 104 號臨時指令，取消「先期拆遷賠償」計劃的執行，但關於如何決定實施細則，其權限仍掌握在駐日盟軍總司令部。關於停止「先期拆遷賠償」的理由，美國政府作了如下說明：（1）在最近將來，日本經濟的赤字沒有消除的展望，為了恢復日本經濟的均衡，需要現在所能運用的生產力。（2）給日本加上更多為賠償的拆除負擔，將違背日本經濟的安定和促進其自立的佔領目的。（3）美國過去三年之間，一再的

〔註35〕《在日辦理賠償歸還工作綜述》，中華民國駐日代表團編印，沈雲龍主編：《近代中國史料叢刊續編》710 輯，臺灣文海出版有限公司印行 1980 年版，第 48 頁。

向遠東委員會提出賠償分配計劃，而一直未能成立協定，賠償分配計劃既然不能成立協定，則遠東委員會的有關賠償的決定也不得實行。（4）日本的在外資產既然已經被沒收，並依 1947 年 4 月美國政府的臨時指令，對中國、菲律賓、荷蘭、英國等也交付了 1 萬 4 千噸的工具機及其他若干種類的物品，雖然數不多，也算支付了賠償。〔註36〕顯然美國政府的這一理由是不充分的，並且違背波茨坦宣言精神和盟國戰後對日基本政策。在美國政府宣佈終止「先期拆遷賠償」時，「先期拆遷賠償」的第三批賠償物資還在拆運過程中，美國突然宣佈終止拆遷，導致了「先期拆遷賠償」的夭折，嚴重損害了各受償國的利益。

在 1949 年 5 月 13 日美國政府宣佈停止「先期拆遷賠償」時，國民政府所分得的第一及第二兩批賠償物資，除兩重件外，已全部運回。第三批物資也已經分配完備，其中最大最新最完整成套且切合國民政府需要的為吳港海軍兵工廠中的一萬五千瓦六十周波發電廠一套和同廠的二百噸碼頭式起重機一具，這兩項設備皆為第三批物質中正在拆卸或即將拆卸者，是否停止拆遷，直接關係國民政府的切身利益。

在獲悉美國政府終止「先期拆遷賠償」計劃，國民政府駐日賠償歸還代表團首席代表吳半農，不顧外交部長王世杰的阻止，以中國賠償歸還代表團首席代表的身份向駐東京的各通訊社記者發表了以下意見：（1）賠償是日本的義務，盟國有權要求其履行；這個問題的最後決定權應屬於十一個盟國組成的遠東委員會而不屬於美國政府。（2）日本的主要目的之一是依據波茨坦宣言和盟國戰後對日基本政策解除日本的作戰潛力，免其再對鄰國作武力的侵犯，「先期拆遷」只占臨時賠償方案的百分之三十，執行至今，所有民營軍需工廠和飛機製造廠，還全未觸及，遑論其他，而這些軍需工業則同日本平時需要毫無關係；事實上，由於原料缺乏等原因，日本即對其現有的和平工業設備也無法全部運用。（3）這次美國政府的行動是否明智，因影響太大，須留待將來歷史學家評斷。〔註37〕同日，菲律賓代表也發表談話，強烈反對

〔註36〕許介鱗著：《日本現代史》，臺北：三民書局印行 1191 年 8 月第 1 版，第 183 頁。

〔註37〕吳半農：《有關日本賠償歸還工作的一些史實》，《文史資料選輯》第七十二輯，中國人民政治協商會議全國委員會文史資料研究委員會編，中華書局 1980 年出版，第 239 頁。

美國的主張。荷蘭代表認爲遺憾而表示失望。英國代表則認爲這個問題應由遠東委員會決定。但各國代表所持的理由大致相同。

在 1949 年 5 月 18 日召開的賠償技術顧問委員會上，吳半農又提出嚴重抗議，認爲：賠償物資分配規定，就是一種契約。我方爲接收這些設備，曾從國內調派監拆人員多人，並已辦妥其他種種準備工作，人力物力消耗很大。現在突然停止，致使我方蒙受很大損失，國際間除因宣佈戰爭外，似無採取這樣急劇措施的必要。〔註38〕5 月 20 日，我國駐日代表團正式致函盟總提出抗議，並要求迅速恢復吳港電廠及起重機的拆遷工作。5 月 27 日，盟總覆函稱停拆係根據美國政府指令，恢復拆遷一節，礙難考慮辦理。根據美國停止「先期拆遷賠償」的指令，其中有「已著手進行拆遷者，仍得繼續拆遷」一語，但盟總在奉令後，故意將此節秘而不發，所以才有「礙難考慮辦理」的回覆。在第三批吳港發電廠及起重機設備被停止拆遷時，國民黨已經敗退廣州，南京也於 4 月 23 日被中國人民解放軍攻佔，儘管國民政府接收委員會向盟總提出口頭交涉和書面抗議，5 月 26 日辰皓團長又親自拜訪盟軍總參謀長，提出交涉，27 日又去函要求迅速恢復吳港發電廠及起重機的拆遷工作，但未能奏效，「先期拆遷賠償」因此而夭折。

「先期拆遷賠償」計劃最終夭折，是由多方面的原因造成，但美國對日賠償政策的轉變無疑是其中的一個重要原因。下面筆者將試就「先期拆遷賠償」夭折的原因作一個簡單的分析。

首先，就戰後盟國對日索賠方式而言，盟國採取了實物賠償的方式，放棄了對日的賠款要求。一方面這是考慮了第一次世界大戰後，德國戰爭賠償的利弊後作出的決定，「賠款係舊觀念。上次大戰後，德國賠款，其出發點並非以協約國之戰費爲根據，而係以德國賠償能力爲根據。」〔註39〕；但另一方面，這一決定同樣也存在一些弊端。採取實物賠償的方式進行戰爭賠償，需要進行大量的工廠選擇、拆遷、運輸等工作，需要投入大量的人力、物力和財力，這對於戰勝國和戰敗國而言都是一筆額外的負擔。對於國民政府來

〔註38〕吳半農：《有關日本賠償歸還工作的一些史實》，《文史資料選輯》第七十二輯，中國人民政治協商會議全國委員會文史資料研究委員會編，中華書局 1980 年出版，第 240 頁。

〔註39〕《國防最高委員會國際問題討論會第 58 次會議記錄》，秦孝儀主編：《中華民國重要史料初編——對日抗戰時期》第二編《作戰經過》（四），中國國民黨中央委員會黨史委員會編印，1981 年臺北版，第 9 頁。

說，由於剛剛經歷多年的抗戰，不久後又投入國共內戰，國力衰弱，從事賠償工作人員的生活經費及工資就是一筆不小的數目。由於盟國規定在日本向各受償國交貨以後，運輸回國事宜由受償國自理，為了將賠償物資運回國內，國民政府也需要支付數額巨大的運輸費用。在進行接收運回日本賠償物資的準備過程中，國民政府就曾經撥國幣千億元，作為搬運賠償物資的初期費用。〔註40〕同時由於國民政府缺乏運輸船隻，要將賠償物資運回國內也存在很大困難。為此國民政府曾經要求，對日本的剩餘艦隻先予以分配，以便於運輸賠償物資。對於分配我國的賠償物資，曾經有人主張，讓日本代為經營管理，待一兩年後，再予以運回，或者將賠償物資拍賣，所有這些都反映了國民政府在對日索賠問題上的被動地位。同時由於賠償物資是從不同的工廠拆遷運回的，各種型號的機器設備，在運回國內的過程中，如果運錯地方或缺失，往往會造成設備由於不配套而無法使用。採取實物賠償的方式，還在一定程度上幫助日本進行機器設備的更新換代，客觀上有利於日本經濟的恢復和發展。對於從日本拆遷運輸回國的物資是否適合我國國情，是否可用，也是一個問題。如《申報》就曾經報導「我將分得之十六艘日本賠償軍艦，大部分須待駛往加拿大修理後始克使用」〔註41〕。何況日本比較精良的機器設備主要集中在中國的東北和臺灣地區。

其次，日本的「善待」美軍和「哭訴」工作取得成效，是「先期拆遷賠償」計劃夭折的原因之一。「自從美軍佔領以來，聰明伶俐的觀察者就早已看出日本的領袖們有一種自存的政策，希望能用手段去軟化戰敗後所受的打擊，這些計劃之一就是大規模招待佔領軍，想藉此製造出一種親善的空氣，使他們的宣傳能夠乘機生效。」「外務省和政商界的領袖們紛紛舉行宴會，招集娼妓，盛設料理，把佔領軍重要的官員請回家去，或是去鄉間度周末。大學俱樂部也組織起來，哈佛、普林士頓、密希根、哥倫比亞等各大學出身的美日畢業生大家混在一起，重溫舊時的窗誼。」「在美軍駐紮的每一個城市裏，都有舞廳的開設，並且利用美女如雲的標語，以廣招徠。在佔領初期，他們甚至用愛國的口號來招募舞女，視舞廳是『人民外交的最前線』。」「由外務省主辦，在東京出版的英文《日本時報》，一向是以反英美出名的，可是當佔領軍開到後，它的

〔註40〕《我接受日賠償品，準備工作近完成，撥千億元作初期搬運費》，《申報》，1947年4月23日。
〔註41〕《我分得之軍艦，大部須加修理》，《申報》，1947年4月7日。

銷數卻增長了十倍，篇幅也加添了四倍。它刊載了美國的體育消息和滑稽漫畫盡量迎合美國讀者的口味。佔領軍閱看日本時報是免費的。」〔註42〕在日本的「善待」之下，美軍自然也就相應地給予一定的回報，其中盟總故意拖延受償國對供拆遷賠償工廠的考察就是美軍給予日本「善待」的回報之一。

此外日本還向美軍進行大量的「哭訴」工作，並取得了一些成效。由於盟總在處理日本戰爭賠償的時候規定，在執行拆遷賠償的時候，盟軍所需要的工廠及有利日本和平工業建設的工廠不得予以拆遷，因此日本利用此項政策的漏洞，不斷向盟總「哭訴」某些工廠是維持日本人民生活所必須的，請求不予以拆遷，同時日本還將一些原本屬於軍事工業的工廠乘盟國還未進行考察之前改造成民用，從而逃避賠償。鑒於美國對日政策的轉變，盟總對日本的許多原屬軍事工業的工廠進行了「寬大」處理，給各受償國的索賠工作造成了種種障礙，損害了受償國的利益。

在國民政府駐日代表團日本賠償及歸還物資接收委員會譯印的日本外務省調查局第三科擬定的《賠償問題之將來》中，我們可以發現其實日本早已對於戰後的賠償問題作了大量的研究，並且對於如何逃避賠償作了初步的設計。比如對於拆遷賠償問題，日本一直在宣揚這樣一種觀點：由機器的拆遷至目的地裝置開工，時間上至少需要三年。日本所有機器多屬舊式，而且在戰時及戰後損耗很大，因此使用許多拆遷費用，卻往往不如另外設計，購進美國等新式機器，這樣無論在時間或經營上均或比較經濟。〔註43〕並且盡可能從日本的角度去分析拆遷賠償的經濟價值：遷移設備，在技術上原來很不經濟，若接受國不顧搬運時，當然希望仍留在日本國內，若不可能時，亦希望其毀壞機器時，不致使日本過分費工與使用許多材料，拆遷賠償設備的目的，原爲在接收國使用，若接收國於拆遷之後，並不欲加以利用，則希望其最好能使日本預先知道，因爲這樣日本在報關、拆卸、裝箱及運輸等方面，都可以省工。〔註44〕

作爲戰敗賠償者，1945年12月3日，日本政府向盟國遞交了一份賠償意

<hr />

〔註42〕Conde著，本報特譯：《誰在策動美國的對日政策？》，《大公報》（天津），1947年7月24日。

〔註43〕《駐日代表團關於賠償問題報告》，臺灣中央研究院近代史研究所館藏國民政府外交部檔案，檔案號：077.9／0012；影像號：11－EAP－02321。

〔註44〕《賠償問題之將來》，臺灣中央研究院近代史研究所館藏國民政府外交部檔案，檔案號：077.9／0012；影像號：11－EAP－02321。

見書，題爲《關於日本賠償的初步研究》。在意見書中，日本政府竭力渲染其經濟所面臨的諸多困難。意見書認爲，日本目前面臨五大經濟困境：1、自給自足食品供應的困難；2、國內自然資源的貧乏；3、海上運輸收入的喪失；4、原料加工品出口的不足；5、就業困難。日本政府還認爲，要維持 1930 年的生活水平，日本不得不出口價值 32 億日元（按 1941 年物價）的商品；就業問題最根本的解決方式是讓製造業工廠吸納過剩的農村人口。鑒於此，在允許的範圍內，日本應盡可能保留多類工廠。

再次，遠東委員會內部各國矛盾重重，各國在各自應獲得的賠償比例以及日本工業水準等問題上糾纏不清，致使賠償工作進展緩慢。菲律賓與中國就吳港發電廠和起重機的爭奪，一定程度上延緩了拆遷的進程，並最終導致吳港發電機和起重機錯過了拆遷的最佳時期，沒能完成拆遷。

最後，美國對日戰爭賠償政策的轉變，是「先期拆遷賠償」最終夭折的主要原因。隨著中國解放戰爭的勝利發展，國民政府在喪失民心的同時逐漸丟失全國政權，國民政府作爲美國在遠東地區與蘇聯對抗的橋頭堡作用也在逐漸喪失。爲了服務於美國與蘇聯冷戰的全球性戰略，美國開始拋棄國民政府轉而扶植日本，以日本取代原國民政府的角色。而美國之所以能夠置遠東委員會於不顧，根據自己的需要而改變對日政策，是由戰後遠東的國際形勢和美國的地位決定的。在第二次世界大戰中，美國的軍事經濟實力急劇膨脹，並最終成爲世界霸主，在戰後形成了美蘇對峙的兩極格局。就遠東委員會各國而言，蘇聯的戰略重點在歐洲，在第二次世界大戰中也只是在戰爭快要結束的幾天內才向日本宣戰並出兵中國東北，出兵只有數日，而且從中國東北搬運了大量器材，戰後在遠東問題上與美國的矛盾尚未激化。英國在遠東的損失遠比中國要小，戰後英國又成了美國的債務國，並且在反對共產主義的立場上與美國是一致的。所以在日本的戰爭賠償問題上，英國基本上是追隨美國的。1950 年 6 月，美國以提供武器的形式援助法國進攻胡志明領導的越南人民政權，因此法國也只能順從美國。法國雖然想索取賠償，但在 1951 年 6 月 9 日杜勒斯表示，美國支持法國控制的越南、老撾、柬埔寨三國參加對日媾和，法國則在「一切原則問題上」支持美國的方案。〔註 45〕菲律賓等國和美國簽訂有共同防務條約，

〔註45〕劉同舜、高文凡編：《戰後世界歷史長編》（1950～1951）第六冊，上海人民出版社，1985 年 2 月第 1 版，第 521 頁。

這些小國雖然渴望賠款，但又不能不考慮美國的態度。〔註 46〕美國能夠腰斬「先期拆遷賠償」計劃的一個現實原因是戰後日本處於美國的單獨佔領之下。遠東委員會雖然是對日政策的最高決策機構，但眞正負責實施的還是美國控制下的駐日盟軍總司令部。況且美國還擁有可以繞過遠東委員會直接向駐日盟軍總司令部發佈臨時指令的權力，「先期拆遷賠償」的實施及夭折都是美國臨時指令的產物。

此外，「先期拆遷賠償」最終夭折還與美國一些官員所倡導的戰爭賠償理念的轉變有關。第一次世界大戰以後，鑒於德國戰爭賠償的經驗和教訓，在美國國內有一部分人主張放棄對戰敗國的戰爭索賠要求，而要求戰敗國只對在戰爭過程中對戰勝國人民所造成的生命財產損失進行個人受害賠償。第一次世界大戰後，時任美國總統威爾遜提出的處理戰後問題的「十四點原則」裏就已經包含了這方面的要求「沒有強迫的捐獻，沒有懲罰的賠償」〔註 47〕。「自威爾遜總統看來，向戰敗國要求的賠款的觀念必須加以修正和限制，戰勝國是不應要求軍事應有的賠償，它只應要求平民損失的補償。」在他們看來「這次戰爭的目的，在消滅阻礙人類文化進展的法西斯主義和侵略主義，在樹立一種永久的和平，而不在對軸心國報復，因此我們不應以過分的賠償重擔加諸於軸心國家。」〔註 48〕這一關於戰爭賠償理念的轉變無疑對戰後美國的對日賠償政策產生一定的影響。

當然國民政府重內戰輕賠償，以及「以德報怨」的指導方針，在日辦理賠償工作的人員對美國政策的轉變沒有充分的思想準備，對賠償工作的重視程度不夠，沒能抓住拆遷賠償的有利時機，也是導致「先期拆遷賠償」最終失敗的原因。這一點在拆遷吳港發電廠和起重機問題上表現比較明顯。由於從事賠償物資拆卸、包裝的主要是一些日本的退伍軍人，他們對於向中國進行賠償是有牴觸情緒的，因此工作不可能做到認眞細緻的，這也在一定程度上延緩了拆遷的進度。戰後美國在處理對日戰爭賠償問題時的一個重要特徵是，在對日進行索賠的同時考慮如何幫助日本恢復其經濟，這也是美國爲什

〔註 46〕 見孟國祥著：《關於國民黨政權向日本索賠問題》，《近代史研究》，1991 年第 2 期。

〔註 47〕 伍啓元著：《中國工業建設之資本與人才問題》（附錄），商務印書館，1946 年版，第 36 頁。

〔註 48〕 伍啓元著：《中國工業建設之資本與人才問題》（附錄），商務印書館，1946 年版，第 35 頁。

麼會改變對日政策並最終腰斬「先期拆遷賠償」計劃的原因所在。其實戰敗國的經濟恢復與戰爭賠償是兩回事，不能爲了恢復經濟而放棄賠償要求，這也我們在進行民間索賠時必須吸取的經驗教訓之一。

第五章　對日戰爭索賠的終止及臺灣當局完全放棄對日索賠

第一節　《舊金山和約》的簽訂及盟國放棄對日戰爭索賠

　　自 1949 年 5 月美國政府終止「先期拆遷賠償」計劃，以後美國對日戰後政策發生根本性的轉變，幫助日本復興其經濟已經成為美國對日政策的首要目標。在日本戰爭賠償方面，美國政府主張與日本簽訂和約，完全放棄對日本的戰爭索賠。在美國的積極倡導與促成之下，1951 年 9 月 4 日，對日和會在美國舊金山召開。雖然中華人民共和國及臺灣當局未能參加會議，但在美國的主導下，舊金山會議還是通過了《舊金山和約》各盟國放棄了對日本的戰爭賠償要求，而日本只需要給予各受害國象徵性的勞務補償。本節試就美國政府對日政策的轉變與《舊金山和約》的簽訂及各盟國放棄對日戰爭索賠的過程作一簡單的介紹。

　　戰後美國對日戰爭賠償經歷了懲罰性的「拆遷賠償」與象徵性的「協議賠償」兩個階段。戰後初期，美國遠東政策的戰略目標是：徹底根除日本的戰爭潛能，使之不再成為美國的威脅，以「拆遷賠償」的方式，強制日本把被指定的工業設備賠付給曾被日本佔領和破壞的國家，其重點是支持蔣介石國民政府，以遏制蘇聯對東亞的影響。但隨著中國解放戰爭形勢的變化和美、蘇冷戰的加劇，美國一改先前對日本打擊的政策，而改為利用和扶植。對日本的戰爭賠償政策也轉為以《舊金山合約》所規定的「協議賠償」。

　　根據國際慣例，戰敗國只有在締結和約以後才能與戰勝國發生外交、通商等關係。為了早日解決日本戰後賠償問題從而迅速解決整個戰後對日處置問題，美國政府在 1947 年便提出了召開對日和會解決整個日本問題的主張。1947 年 3 月 19 日，此前素與新聞界關係不洽的駐日盟國最高統帥麥克阿瑟令人驚訝地出席了東京外國記者團的聚餐會，並破例舉行了一次記者招待會。在這次記者招待會上，麥克阿瑟作了一項關於需要早日簽訂和平條約的即席發言，正式宣稱盟國必須與日本政府媾和的時刻已經到來。並且在回答記者關於「您認為什麼時候締結和約較妥？」的提問時，麥克阿瑟表示「我想說，不是現在，但越快越好。」〔註1〕

　　此後麥克阿瑟又進一步表示：「必須迅速結束對日本的軍事佔領，締結正式的對日和約，撤銷盟軍總部。開始媾和談判的時期越早越好。」〔註2〕

　　麥克阿瑟在美國政府即將頒發「先期拆遷賠償」方案之際，建議召開對日和會的原因大致有以下三點：首先，在 1946 年底召開的第三屆中、美、英、蘇、法五國外長會議上，經過一個多月的討論完成了對意大利、羅馬尼亞、匈牙利、保加利亞、芬蘭五國和約的正式文本，其中規定：芬蘭向蘇聯賠償 3 億美元，自 1944 年起，八年內以實物形式償付（後來蘇聯政府減免了芬蘭 50％的賠款）。關於德國的賠償，在 1945 年 2 月舉行的雅爾塔會議和德國投降後舉行的波茨坦會議上，美、英、蘇三國數次商討了德國戰後賠償的問題，在這兩次會議發表的議定書和公報中，都明文規定了德國應將戰爭中對聯合國家所造成的損失盡可能地使用實物賠償到最大限度。其中雅爾塔會議的議定書第五條第二款對實物賠償作了具體的規定：「強制德國進行實物賠償將採取以下三種形式：（1）在德國投降或停止有組織抵抗後的兩年內從德國本土及其本土之外的德國國民財富中拆遷（設備、工作母機、船隻、車輛、德國的海外投資、德國的企業、運輸業和其他企業的股票等等），其主要目的在於摧毀德國的戰爭潛力。（2）在規定的時期裏，每年交付當年的產品。（3）使用德國勞工。」〔註3〕因此在 1947 年初，盟國對於歐洲各國的戰爭賠償問題

〔註 1〕　轉引自：孟國祥、喻德文著：《中國抗戰損失與戰後索賠始末》，安徽人民出版社 1995 年 2 月第 1 版，第 258 頁。

〔註 2〕　〔日〕吉田茂著，韓潤棠、閻靜先、王維平譯：《十年回憶》（第三卷），世界知識出版社 1963 年 12 月第 1 版，第 3 頁。

〔註 3〕　《德黑蘭、雅爾塔、波茨坦會議記錄摘編》，上海人民出版社 1974 年版，第226～227 頁。

已經基本處理完畢。其次，在日本方面，1947 年初的日本，國內通貨膨脹呈惡性狀態，生產停滯，物資匱乏，雖然盟軍總部已經完成了政治上的改革，美國政府也給予日本大量的貸款，日本銀行也發行了 1000 億日元的貨幣，但經濟危機仍然四伏，人民不滿情緒與日俱增，並且罷工浪潮此起彼伏。再次，在 1947 年 3 月初，美國政府按照自己對日政策的邏輯，已經起草了對日和約的報告，即「博頓草案」。當然麥克阿瑟的這一表態反映了美國戰後對日賠償政策的轉變，關於美國對日政策轉變過程的基本軌跡筆者在第四章第四節部分已經作了一些說明，在此筆者再就美國政府關於對日和會召開態度的演變作一介紹。

美國國務院在對日戰爭開始前後，就已經開始研究戰後的對日政策，特別是國務院在 1944 年 1 月設置的戰後計劃委員會，作爲這個問題的最高決策機構，使戰後對日政策的制定有了很大進展。該委員會於 5 月間制定了政策文件《合眾國的對日目標》，並設想了下述對日政策。對日政策的基本目標在於：（1）使日本不得成爲對美國及太平洋地區各國的威脅；（2）爲了美國的利益，將在日本建立尊重別國權利和日本國際義務的政府。爲了實現這一基本目標把日本戰後的發展決定分爲三個階段。第一個階段是對日本實施投降條款，作爲其發動軍事侵略的報復，使之接受佔領下的嚴格訓練；第二個階段是實行嚴密的監督，隨著日本表示與別國和平相處的願望和能力，對其逐漸放鬆限制；第三個階段是使日本在和平的各國國民中恰當地完成自己的責任，也就是接近美國最終目標的時期。〔註4〕作爲戰後日本處理問題的一個重要方面，在日本戰爭賠償問題上，美國希望能夠通過以締結和約的形式一併處理。

爲了早日完成對日和約的起草工作，早在 1946 年初和 1947 年，美國政府就責成遠東司副司長彭菲爾德組成班子，起草對日和約的報告，該小組實際負責人是曾在戰爭末期的戰後設計委員會中參與策劃對日政策、時任美國國務院遠東司東北亞處處長的日本問題專家博頓。該小組於 1947 年 3 月初擬定對日和約的初稿，亦稱「博頓草案」〔註5〕。「博頓草案」共 6 章 58 條，按

〔註 4〕〔日〕信夫清三郎編，天津社會科學院日本問題研究所譯：《日本外交史》（下冊），商務印書館 1980 年第 1 版，第 711 頁。

〔註 5〕「博頓草案」的全文美國方面並沒有公佈，其有關條文和內容散見於美國各方面對「博頓草案」的評論、分析，以及博頓解釋性備忘錄中。

其內容劃分，大體可分爲：領土條款、盟國當局的權限、解除武裝和非軍事化、賠償與歸還及戰爭清算的有關技術性問題六個部分。其中第五部分「賠償和歸還」，規定日本應對盟國及有關戰爭受害國進行公正的賠償，並指明這一原則的掌握應以波茨坦公告及遠東委員會政策爲基礎等。〔註6〕該草案的出發點仍在於防止日本軍國主義復活而成爲亞洲的最大危險，但該草案沒有強調在媾和後美國在日本所應有的絕對支配地位，也沒有談及日本在解除武裝後自身的安全保障問題，而是簡單地把日本由美國單獨佔領和控制改爲由聯合國監管。因此該方案在美國政府和軍方內部傳閱後，遭到了各方面的責難，特別是美國陸軍部，堅決反對要求日本繼續賠償。此後，隨著國際局勢的變化，該方案越來越受到美國政府各個集團的職責和非難，終於在1948年以「未定稿」不了了之。

1947年7月11日，美國政府向遠東委員會其他10個成員國的政府發出照會，建議8月19日在華盛頓召開對日和約的準備工作會議。關於會議的表決程序問題，美國提出在起草和約草案的過程中，應取消四大國一致的原則，而以簡單的三分之二的多數通過，凡不同意條約內容的國家，「將仍和日本處於一種技術上的交戰狀態中」〔註7〕。顯然美國的這一提議，是針對蘇聯等少數主張對日採取更強硬政策的國家，以防止這些國家干擾對日媾和的進程。

針對美國政府關於和會表決程序的建議，7月21日，蘇聯政府第一次覆照美國，從根本上提出了反對意見；8月29日，第二次覆照美國認爲：對日和約會議的問題必須先由中、美、英、蘇四國外長會議討論，再做是否召開的決定；在提出草案的過程中，必須堅持四大國一致的原則；11月27日，蘇聯又照會中、美、英三國，建議1948年1月召開四大國外長特別會議，專門討論對日和約的問題。〔註8〕因此，蘇聯政府對美國的提議基本持否定態度。

對於美國的建議，國民政府表示反對，認爲會議的決議應由遠東委員會成員國的多數通過，並包括中、美、英、蘇四國的一致同意；英國雖然在原

〔註6〕轉引自：孟國祥、喻德文著：《中國抗戰損失與戰後索賠始末》，安徽人民出版社1995年2月第1版，第259頁。

〔註7〕貝爾納斯：《坦率的話》，紐約1947年版，第271～272頁。轉引自：於群著：《美國對日政策研究（1945～1972）》，東北師範大學出版社1996年第1版，第91頁。

〔註8〕高平、唐芸、陽雨編著：《血債：對日索賠紀實》，國際文化出版公司1997年5月第1版，第219頁。

則上同意美國意見，但是因爲遠東委員會中英聯邦的成員國就有 5 個，因此仍希望先召開四國外長會議，確定基本原則後再提交遠東委員會討論。美國政府在收到各國的覆照後，看到中蘇兩大國持反對意見，自己如若再堅持召開對日和約會議，結果只能是中蘇兩國不參加，其他各國的態度也可能發生意想不到的變化。同時由於美國政府此時的對日政策已經開始轉向復興日本經濟問題，因此對日和約會議被迫擱淺。從此以後，在對日和會問題上，美國開始拋開中、英、蘇三國，單獨採取行動。

　　對日媾和的推遲，對於日本而言，可謂是利大於弊。戰後曾經擔任日本首相的吉田茂在其回憶錄《十年回憶》就盟國推遲對日媾和作了如下分析：作爲一個站在接受媾和立場上的戰敗國來說，最關心的事當然就是如何避免在媾和時被課以苛刻的條件，特別是將來長期束縛國家獨立與自由的不利條件。如果在停戰後不久就締結和約，恐怕由於戰時氣氛尚未完全消除，同盟國自然會把苛刻的條件加在日本頭上。然而，由於媾和的推遲，同盟國敵視和憎恨日本的心情已經淡薄，並且加深了對日本的認識；另一方面，我方也獲得充裕的時間，爲爭取更寬大的媾和而採取必要的對策。在這一點上，也可以說媾和的推遲反而對日本有利。〔註9〕從吉田茂的這一分析中，我們可以看出戰後日本政府在對待媾和問題上並不是說在考慮如何充分認識其戰爭責任，對各受害國作出積極的賠償，而是在考慮如何能夠盡可能地獲得盟國的寬大處理以減輕其賠償的數量。當然這是日本一貫的對美「協調外交」的延續，但正是由於這一對待戰爭責任的態度，直接影響了戰後日本政府在戰爭賠償問題上的態度，同時也是今天日本政府極力否認民間戰爭賠償的思想淵源。

　　1947 年美國政府對日媾和的建議遭到蘇、中等國的異議而擱淺後，美國國務卿馬歇爾要求喬治·凱南組織一個班子重新研究對日和約問題。從 1947 年 8 月中旬開始，凱南領導的美國國務院政策設計委員會用了兩個月的時間研究對日政策和對日和約問題，並在廣泛徵求軍方領導意見的基礎上，於 1947 年 11 月 14 日，提出了關於對日和約問題的備忘錄，即政策設計委員會 PPS／10 號文件。在這一文件中，凱南設想以日本取代中國國民政府，認爲中國將毫無疑問地落入共產黨人之手，爲適應遠東形勢的發展，應允許日本再一

〔註9〕〔日〕吉田茂著，韓潤棠、閻靜先、王維平譯：《十年回憶》（第三卷），世界知識出版社 1963 年 12 月第 1 版，第 5 頁。

次成爲該地區國際事務中的一分子和強國。〔註 10〕凱南的對日和約問題備忘錄提出後，在美國政府內部引起了巨大震動，因爲這是第一次以較系統的方式對戰後初期美國對日政策原則的挑戰，軍方、國務院和東京的盟軍最高統帥部都存在不同看法，尚待協調。此後，凱南又提出了一份對遠東形勢的分析報告，在報告中，凱南認爲美國在遠東的戰線拉得太長，形勢不妙，但「最終日本和菲律賓將成爲足以保衛美國利益的太平洋安全體系的基石」〔註 11〕。爲了能取得盟軍最高統帥部的支持與合作，並進一步瞭解日本的發展形勢，凱南於 1948 年 3 月赴日，與麥克阿瑟就對日政策新方針舉行了會談。3 月 25 日，凱南擬定了美國對日政策的新建議，並且要求不得對超過現訂計劃 30％ 的賠償項目進行拆遷，從而成爲美國後來終止「先期拆遷賠償」的起源。

就在凱南尚未離開日本之時，1948 年 3 月 20 日，美國陸軍部次長德雷柏又率領一個代表團赴日進行調研。關於德雷柏代表團的情況筆者在第四章第四節部分已經作了介紹，在此不予重複。但是德雷柏的日本之行具有明顯的政治色彩，其含義遠不止減少或停止賠償，而是把日本納入美國戰略軌道的一次重要活動。德雷柏在日期間和日本政府首腦、麥克阿瑟及日本經濟聯盟會代表進行頻繁的會晤。並且與日本政府約定，日本對把它重建成爲「應付遠東共產主義擴張之防壁一事給予通盤合作」，美國「對接受投資之日本自應加以保護」〔註 12〕。

就在德雷柏率團赴日調研的同時，中國人民解放軍已經揭開了三大戰役的序幕，國民黨政府的倒臺已經爲期不遠。針對中國國內局勢的急劇變化，1948 年 12 月 8 日，美國總統杜魯門在原底特律銀行總經理道奇去日擔任盟總公使顧問前特別向其作了如下交代：中國革命的進展同日本重要性的增長是不可分割地聯繫在一起，國家安全委員會認爲，日本經濟問題是當前最重要的國際問題之一。〔註 13〕從上述杜魯門的交代，我們可以發現此時美國政府已經開始考慮如何復興日本，以取代國民政府在美國遠東政策中的地位。在對日媾和問題上，美國的態度也開始更加積極起來。

〔註10〕 孟國祥、喻德文著：《中國抗戰損失與戰後索賠始末》，安徽人民出版社 1995 年 2 月第 1 版，第 262 頁。

〔註11〕 於群著：《美國對日政策研究（1945～1972）》，東北師範大學出版社 1996 年第 1 版，第 98 頁。

〔註12〕 《日本通信——八千萬朋友》，《大公報》，1948 年 7 月 6 日。

〔註13〕 〔日〕信夫清三郎編，天津社會科學院日本問題研究所譯：《日本外交史》（下冊），商務印書館 1980 年第 1 版，第 753 頁。

　　到 1949 年下半年，中國共產黨的勝利已成定局，朝鮮的形勢亦開始對美國不利，亞洲的革命形勢呈現蓬勃發展的勢態。在此情形之下，美國開始策劃單獨對日媾和。1949 年 9 月 17 日，美國、英國和法國三國代表商定：即使蘇聯反對，西方也要締結對日和約。10 月 13 日，美國擬就了美英對日和約的第一稿。在這一草案中美國對日本的戰爭賠償問題只提日本應付賠償，但對於留存在日本本土以及存放在中立國的日本黃金如何處理卻隻字不提。實際上，美英法三國此時已經排除了蘇聯和國民政府參加對日和會的可能性，立足於單獨媾和，對於日本的戰爭賠償問題也已經著手終止或放棄。

　　1950 年朝鮮戰爭爆發後，日本作為美國後勤基地的作用更加突出。1950年 6 月，美國國務院顧問杜勒斯率團訪問日本，並和日本首相吉田茂舉行了會談，但這次會談並沒有詳細討論對日和約問題。9 月 14 日，美國總統杜魯門舉行記者招待會，宣佈已授權國務院開始同遠東委員會成員國就對日和約問題繼續進行預備性磋商。10 月，美國政府陸續向遠東委員會各國提交了關於和約的「七點原則」。這個原則，雖然在以後的磋商過程中有所改動，但主要之點都被舊金山體制所接受，並成為它的基礎。〔註 14〕這個原則中有關戰後日本戰爭賠償的方面為：「締約各方放棄 1945 年 9 月 2 日以前因戰爭行為而產生的權力要求，但下述情形例外：（甲）一般說來，盟國將佔有在他們領土內的日本財產；（乙）日本將歸還盟國財產，如不能完整歸還，可按雙方協議的關於損失價值的百分率以日元賠償之」〔註 15〕11 月 20 日蘇聯政府向美國提交備忘錄，要求對七原則中的有關六個問題作出解釋並希望剛成立的新中國能參與意見。對此，美國於 12 月 28 日作了答覆，明確表示準備單獨對日媾和，「美國並不認為，任何一國有永久不變的權力可以否決其他國家和日本締結和約」〔註 16〕；並以和新中國無外交關係為由而拒絕新中國派員參加。

　　1951 年 3 月下旬，美國把它制定的對日和約草案提交遠東委員會成員國討論，其中第十四條規定：「盟國認為，日本無力以那些可以使日本維持生存經濟的黃金，錢款，財產或勞役當支付手段，以履行其自 1945 年 9 月 2 日起為進行佔領目的所給予的救濟與經濟協助之義務，並對盟國因戰爭而引起之

〔註 14〕〔日〕吉田茂著，韓潤棠、閻靜先、王維平譯：《十年回憶》（第三卷），世界知識出版社 1963 年 12 月第 1 版，第 13 頁。

〔註 15〕人民出版社輯：《對日和約問題史料》，人民出版社 1951 年版，第 62 頁。

〔註 16〕孟國祥、喻德文著：《中國抗戰損失與戰後索賠始末》，安徽人民出版社 1995年 2 月第 1 版，第 265 頁。

損失給以相當的賠償。」〔註17〕也就是要求盟國基本上放棄對日索賠。雖然美國的這一草案遭到蘇聯、中華人民共和國及印度等國的強烈的反對，美國還是一意孤行，於7月20日通知各有關國家定於1951年9月4日在舊金山召開對日和會，並在8月13日正式發送聯合草案文本。

即將在舊金山召開的對日和會是戰後盟國處理日本問題的重要會議，而此時新中國已經成立，國民黨當局也已偏居臺灣，對日和會由誰代表中國參加成為美國在會前必須解決的問題。1951年6月，杜勒斯抵達倫敦與英國政府進行會談，其中主要內容之一就是商討上述問題。由於英國已在1950年1月承認中華人民共和國，故曾主張由中華人民共和國參見對日和約的談判。但由於美國堅持「絕對不同現在侵略朝鮮的共產黨中國在和約上共同署名」，英國於是主張在兩個中國政權中由得到遠東委員會成員國三分之二的絕對多數承認的政府簽署和約。美國對此表示反對，經過協商，美英達成協議，即不讓國民黨當局和新中國政府參加對日和會，並聲稱「日本將來可以同自己所選擇的中國另行簽訂和約」〔註18〕。

1951年9月4日，在美國的一番苦心經營之下，對日和約會議終於在美國舊金山歌劇院召開。出席會議的共有包括日本在內的52個國家的代表，新中國由於美國的阻撓未能出席會議，南斯拉夫、緬甸和印度雖接到邀請，但拒絕參加。這次會議的主席由美國國務卿艾奇遜擔任。美國總統杜魯門在會議的第一天親臨會議並發表了開幕詞，其主要內容有以下幾點：（1）締訂對日和約之精神，非為報復，而係向世界和平之目標邁進。（2）盟國佔領日本之目的，旨在防止未來日本之侵略，並將日本建為一和平而民主之國家，準備重返國際社會。（3）對日和約為一「言歸於好」之和約，意在瞻望未來，而非追溯過去。（4）在現有和約之下，日本將能參加和平之國際合作。（5）美國尊重並支持太平洋區域及亞洲多數自由而獨立之新興國家，並願見其以平等合作者之身份成長繁榮，而為東西兩方獨立國家社會中之一員。〔註19〕由於美國在會議召開之前已經進行了一番緊張的游說活動，並唆使日本政府

〔註17〕 人民出版社輯：《對日和約問題史料》，人民出版社1951年版，第83頁。

〔註18〕 〔日〕吉田茂著，韓潤棠、閻靜先、王維平譯：《十年回憶》（第三卷），世界知識出版社1963年12月第1版，第13頁。

〔註19〕 秦孝儀主編：《中華民國重要史料初編——對日抗戰時期》，第七編：《戰後中國》（四），中國國民黨中央委員會黨史委員會編印1981年版，第690～691頁。

在賠償等問題上向亞洲一些國家作出願意談判的姿態。因此，整個會議的進行情況確實體現了杜魯門的希望，對日本絲毫沒有表示露骨的敵視態度，正如吉田茂在其回憶錄中所說：「總的來說是洋溢著友好的氣氛。」〔註20〕

在9月4日對日和會正式召開之後，蘇聯代表葛羅米雖然以聲明的形式提出了修正案，其中在賠償問題上蘇聯代表表示：賠償數額及償付方式與辦法由有關國家包括戰時由日本佔領的國家協商決定。但會議主席美國國務卿艾奇遜則以蘇聯代表的提議超出了程序範圍，不予討論。在此後的其他與會國家的大會發言中，澳大利亞、菲律賓、荷蘭、印度尼西亞等國的代表都對和約中的賠償條款表示強烈不滿，但早在會議召開之前，美國國務卿艾奇遜就向吉田茂表示：「此次會議不管蘇聯的態度如何，美國方面打算一定藉此機會堅決迎接日本加入和平的國際社會。因此關於和約方案，在過去一年中已同有關各國進行了充分的討論，所以，即使有人提出修正案之類的東西，我們也打算完全不予接受，並且準備把這一點明確地列入會議規程中，同時把各國代表的發言時間限制在一個小時以內。」〔註21〕因此，雖然部分與會國家對和約中的一些條款表示了不滿，但是由於美國的意志主導了會議的進程，與會各國最終基本上還是接受美國所擬定的對日和約。

在美國的主導之下，與會各國於1951年9月8日，舉行了對日和約的簽字儀式，與會的52個國家中，蘇聯、波蘭、捷克斯洛伐克拒絕簽字，以其餘49個國家在和約上簽了字。關於舊金山會議與會各國簽署的對日和約史稱《舊金山條約》，其具體內容包括7章26條，其中的第14條至第18條對日本向盟國如何進行賠償作了明文規定，其主要內容如下：「（甲）茲承認，日本應對其戰爭中引起的損害及痛苦給盟國以賠償，但同時承認，如欲維持可以生存的經濟，則日本的資源目前不足以全部賠償此種損害及痛苦，並同時履行其他。……（乙）除本約另有規定者外，各盟國茲放棄其一切賠償要求，盟國及其國民對由日本及其國民在作戰中所採行動而產生的其他要求，以及盟國對於佔領的直接軍事費用的要求。」〔註22〕也就是說，日本主要以下列方式對盟國進行賠償：（1）對曾受日本佔領並遭受損害的同盟國提供技術性的

〔註20〕〔日〕吉田茂著，韓潤棠、閻靜先、王維平譯：《十年回憶》（第三卷），世界知識出版社1963年12月第1版，第17頁。

〔註21〕同上，第20頁。

〔註22〕劉同舜、高文凡主編：《戰後世界歷史長編》（1950〜1951），上海人民出版社1985年版，第409〜410頁。

服務，以幫助其修復損害；（2）日本及其人民在同盟國境內的財產權益，由該同盟國處置。〔註23〕除上述兩項外，同盟國放棄對日本的一切賠償要求。至此，在美國的主導下，通過《舊金山條約》盟國放棄了對日本的戰爭賠償要求。對於在美國主導下召開的舊金山和會，1951 年 8 月 15 日，中華人民共和國外交部長周恩來發表了美英對日和約草案及舊金山會議的聲明：「中華人民共和國中央人民政府認爲，美英兩國政府所提出的對日和約草案是一件破壞國際協定、基本上不能被接受的草案，而將於 9 月 4 日由美國政府強制召開、公然將中華人民共和國排斥在外的舊金山會議也是一個背棄國際義務基本上不能被承認的會議。」〔註24〕

第二節　日臺條約的簽訂及臺灣當局完全放棄對日索賠

　　抗戰勝利後爲了實現對日戰爭索賠，從最初的抗戰損失調查到索賠政策的出臺再到對日戰爭索賠機構的設立，國民政府爲此做了大量工作，並最終從日本拆回了三批機器設備。但是隨著美國對日政策的轉變及國內形式的變化，國民政府在對日戰爭索賠問題上的態度也開始發生變化。自從 1949 年偏居臺灣以後，國民政府在對日戰爭索賠問題上的態度進一步軟化，1951 年《日臺條約》簽署後，臺灣當局完全放棄了對日戰爭索賠的要求，國民政府的對日戰爭索賠也至此劃上句號。本節試就國民政府對日戰爭索賠態度的轉變及臺灣當局完全放棄對日戰爭索賠要求的過程作一簡單的分析。

　　面對美國對日政策的變化，國民政府從其自身的實際狀況出發，其對日戰爭索賠的態度大致經歷了從力爭賠償到逐漸軟化再到最終完全放棄三個時期。

　　從日本投降到 1949 年 5 月美國政府宣佈停止「先期拆遷賠償」爲止，爲國民政府對日戰爭索賠態度的第一個時期。在這個階段國民政府主席蔣介石雖然在戰後不久即發表了對日「以德報怨」的談話，但在對日戰爭索賠方面，

〔註23〕高平、唐芸、陽雨編著：《血債：對日索賠紀實》，國際文化出版公司 1997 年 5 月第 1 版，第 228 頁。
〔註24〕《周恩來外長關於美英對日和約草案及舊金山會議的聲明》，田恒主編：《戰後中日關係文獻集》（1945～1970），中國社會科學出版社 1996 年版，第 98 頁。

國民政府還是採取了比較積極的態度，力爭現實對日戰爭索賠的目標。在這一時期，作爲曾經飽受日本侵略之害的中國人民強烈要求日本給予賠償，對日戰爭索賠的呼聲甚高。從另外一個角度來說，實現對日戰爭索賠對於戰後中國民族主義的高漲也起到了一定的促進作用。比如 1947 年 7 月 7 日，我國分得的日本剩餘軍艦駛抵上海後，國民政府舉行了盛大的接受儀式，一時間黃浦江上盛典空前，廣大軍民對於接受日本賠償軍艦表現得相當熱烈和興奮，而隨行的日本船員則表現得閉目垂首感慨無限。〔註 25〕廣大民眾高漲的對日戰爭索賠要求在某種程度上也對國民政府的對日戰爭索賠態度起到了推動作用。爲實現對日戰爭索賠，國民政府在廣泛調查抗戰損失的基礎上，擬定了向日本索賠的基本原則和方法，其中《中國對日要求賠償的說帖》可以說全面地反映了國民政府對日戰爭索賠的方針、原則、要求和方法。國民政府賠償委員會及相關組織爲實現對日戰爭索賠作了許多爭取和實際工作，對此我們應該給予肯定。雖然在這一時期國民政府在外交上採取唯美國馬首是瞻的態度，在對日戰爭索賠問題上，也在很大程度上追隨美國，但基本上來說，尚未完全喪失自己的立場，對於美國政府損害中國利益的做法尚能提出非議。比如在美國政府宣佈停止「先期拆遷賠償」以後，國民政府就先後多次提出抗議，並要求對吳港發電廠及起重機設備繼續進行拆遷。

　　從 1949 年 12 月潰退臺灣到 1951 年 9 月舊金山會議召開，爲國民政府對日戰爭索賠態度的第二個時期。在這個階段國民黨當局置身臺灣孤島，國際地位下降，對日戰爭索賠的態度亦開始軟化。1950 年朝鮮戰爭爆發後，美國政府加緊了單獨對日媾和的工作，並開始考慮完全放棄對日本的戰爭索賠。1950 年 10 月 20 杜勒斯和臺灣「駐美大使」顧維鈞舉行了會晤，就放棄對日戰爭索賠徵求顧維鈞的意見，顧維鈞認爲，「日本多年的侵略和佔領使中國政府遭受極大的損失，要中國完全放棄賠償是困難的。」〔註 26〕另外顧維鈞還表示，可以採取寬大的政策，但完全放棄這一權利是很困難的，雖然不想爲了賠償而加重日本的經濟負擔，但中國政府和人民理應得到適當的補償。應該說顧維鈞的這一表態是和國民黨當局戰後以來的對日戰爭索賠主張相吻合

〔註 25〕《黃浦江上空前盛典，軍民熱烈興奮，接受日本償艦，日船員閉目垂首無限感慨》，《申報》1947 年 7 月 7 日。

〔註 26〕顧維鈞著，中國社會科學院近代史研究所譯：《顧維鈞回憶錄》第 9 分冊，中華書局 1989 年 5 月第 1 版，第 28 頁。

的。但不久以後，國民黨當局在對日戰爭索賠問題上的態度便開始有所變化。1950 年 11 月 1 日臺灣當局在給其駐聯合國代表的電文中聲稱：「關於放棄賠款問題，我願從美方主張。但關於返還劫物等事，盼美方予我特別協助。」〔註27〕11 月 4 日根據臺灣當局決議由「外交部」整理的對美國對日和約七條原則的備忘錄更是表現出一種無可奈何的語調，該備忘錄中稱：「我國目前國際地位至爲低落，於此時與日媾和，我方發言力量自極微弱……美方既已痛下決心，我方反對無益，即以索價還價之方式略事延宕，亦將招致美方重大反感與誤會，……關於賠償問題，我於不得已時可酌情核減或全部放棄。」〔註28〕由此可見，國民黨當局此時已經開始考慮放棄對日戰爭索賠問題，其對日戰爭索賠的態度已經完全軟化。但國民黨當局的妥協退讓並沒有達到預期目的，美國政府最終還是將其排斥於舊金山會議之外。

對臺灣當局一味追隨美國，在對日戰爭索賠問題上態度軟化之快、之大，就連顧維鈞也感到吃驚，他在其回憶錄中作了如下記載：「事情有時令人難以理解，像賠款這樣一個重大問題，臺北政府竟會突然作出出人意料的決定。中國人民受害 14 年，不但受傷亡之苦，而且受財產損失與生活艱辛之苦。我認爲臺北至少應當在完全屈從於美國壓力之前，把賠款問題加以愼重考慮。美國想急於擺脫佔領日本的財政重擔，因而慷慨地放棄全部賠款要求，中國的情況則完全不同，……在我看來，政府在要求日本賠款問題上，是可以堅持較長時間的。」〔註29〕從顧維鈞的之一記載中，我們可以發現退居臺灣的國民黨當局此時在對日戰爭索賠問題上，已經完全喪失其最初的積極態度。顯然國民黨當局這一態度的轉變與其國際地位的下降，及美國對日政策的轉變有著密切的關係。

從日臺條約談判開始到簽訂（1951 年 9 月至 1952 年 4 月）爲國民政府對日戰爭索賠態度的第三個時期。在這一階段國民黨當局完全放棄了對日戰爭索賠。在舊金山和會召開前，關於由誰代表中國出席和會，美英曾經有所爭議，但經過協商後，美英決定不讓新中國和臺灣當局參加會議，中日間的和約由日本日後自主選擇一方面與其和談並簽訂和約。美英兩國的這一決定，實際上給予了日本相當大的自主性，因爲根據國際慣例，日本在《舊金山和

〔註27〕《顧維鈞回憶錄》第 9 分冊，第 32 頁。
〔註28〕《顧維鈞回憶錄》第 9 分冊，第 34～35 頁。
〔註29〕《顧維鈞回憶錄》第 9 分冊，第 187～188 頁。

約》生效後，便恢復了一個主權國家的權利，到那時日本便可以自行決定與臺灣當局還是中華人民共和國談判，簽訂雙邊和約，以解決日本的戰爭賠償問題。而此後日本也正是以此作爲籌碼而大做文章，迫使國民黨當局在戰爭賠償問題上作出讓步。

　　1951 年 2 月，在日本眾議院外交委員會的會議上，日本便已經開始討論這一問題。在會議上，日本自由黨議員問：「舊金山和約所規定對賠償的請求權，似應屬於握有支配中國大陸之權力的中國政府，臺灣的國民政府，不應有對於賠償之請求權，此點政府見解如何？」日本外務政務次官石原答道：「本人認爲臺灣的國民政府無權請求賠償。」〔註30〕對於上述日本官員的態度，臺灣當局相當擔心，急忙向美國求援。出於美國國家利益的考慮，美國政府「認爲日本應在美國批准和約之前同國民政府媾和」〔註31〕。1951 年 11 月 10 日，美國國務院在給臺灣當局的答覆中進一步明確：美國政府反對日本政府與中共發生更密切關係的任何計劃或企圖；美將繼續努力促成臺日雙方談判締結和約，並力使和約在舊金山和約生效同時或不久生效。〔註32〕於是在美方的壓力下，1952 年 1 月 16 日，日本政府發表聲明，表示願與臺灣當局進行雙邊條約的談判，而無意與中國共產黨締結雙邊和約。1 月 18 日，臺灣當局「外交部長」葉公超發表聲明，表示臺灣當局準備隨時與日本開始商洽。25 日，臺灣當局通過駐東京代表團表示正式同意日本的建議，並進行了非正式接觸。1 月 31 日，日本政府正式照會國民黨駐日代表團團長何世禮，表示願派河田烈率團到臺北與臺灣當局磋商雙邊和約。

　　1952 年 2 月 15 日，臺灣當局委派「外交部長」葉公超爲全權代表，「政務次長」胡慶育爲副代表，負責對日和約的談判。17 日，日本全權代表河田烈攜員 8 人抵達臺北，正式開始了日臺條約的談判。18 日，河田烈與葉公超舉行了首次會談；19 日，胡慶育與日方首席團員木村四郎七舉行了預備會議；20 日，日臺雙方舉行第一次正式會議。從 2 月 20 日至 4 月 27 日，日臺雙方

〔註30〕　中華民國外交問題研究會編：《中日外交史料叢編》，《中華民國對日和約》（九），中國國民黨中央委員會黨史委員會發行 1966 年版，第 213 頁。

〔註31〕　〔日〕吉田茂著，韓潤棠、閻靜先、王維平譯：《十年回憶》（第三卷），世界知識出版社 1963 年 12 月第 1 版，第 42 頁。

〔註32〕　孟國祥、喻德文著：《中國抗戰損失與戰後索賠始末》，安徽人民出版社 1995 年 2 月第 1 版，第 277 頁。

共舉行正式會議 3 次，非正式會議 18 次。歷時 2 個多月，終於在 4 月 27 日搶在舊金山和約生傚之前數小時簽訂了日臺條約。

在整個日臺條約談判中雙方爭執的主要問題有以下四個：一是條約的適用範圍問題；二是賠償問題，即勞務補償問題，以及僞政權財產問題；三是領土問題；四是臺日貿易與雙邊航空運輸之問題。〔註 33〕在整個談判過程中日本政府充分利用臺灣當局地位下降卻硬要追求形式上的平等地位以及急於求成等弱點，大要外交手腕，最終迫使臺灣當局作出了重大讓步；而臺灣當局爲求得一個中國合法政府代表的形象，處處委曲求全，步步退讓，並最終完全放棄對日本的戰爭賠償要求。對於臺灣當局的表現，就連曾任駐日代表團副團長的沈觀鼎在指導其學生余河清碩士撰寫的《中日和平條約研究》一文中也不得不感歎：「從上述內容觀之，我國對日簽訂和約之讓步，可說是史無前例的寬大作爲，就條文而言，我方所提第一次約稿由 22 條被刪減成 14 條，即使這 14 條中又幾乎皆參雜著日方意見，就賠償問題而言，我方放棄了戰勝國應有之權力，也放棄了盟國所享有之服務補償之權力，其寬大程度，可謂前無古人後無來者。可是日人並無些微之感激，在和議中屢次利用文字之爭，力圖延宕和談，對於我方堅持爭取的僞政權之區區財產，以及我國人所重視的戰爭開始日期問題，亦利用我早日觀成之願望，在舊金山和約生效前逼我攤牌，迫使這些問題從序文而議定書而換文，最後則退於同意記錄中，觀此經過及內容，不勝使人感慨之至！」〔註 34〕

關於日本戰爭賠償問題，在談判開始之初，臺灣當局援用舊金山和約中有關規定，表示與其他盟國相同，除保留服務補償與放棄國外資產兩項外放棄一切賠償要求。但是，在 3 月 7 日第六次非正式會議上，日方首席團員木村提出堅持刪除臺方提出草約中的第 12 條：「我方主張將第 12 條全部刪除，非因我方忽略賠償之責任，乃因此條適用問題，幾全部與貴國大陸有關，目前欲加規定，尚非其時。吉田首相在致杜勒斯先生函中，曾表示中、日現所商議之和約，似難即時實施於大陸，故我方認爲：有關賠償問題，不宜列入中日和約之內。……其次，舊金山和約第 21 條特別指明中國享有同約第 10

〔註 33〕孟國祥、喻德文著：《中國抗戰損失與戰後索賠始末》，安徽人民出版社 1995 年 2 月第 1 版，第 279 頁。

〔註 34〕余河青著：《中日和平條約研究》，臺北嘉新水泥公司文化基金會 1972 年 11 月第 1 版，第 51 頁。

條及第 14 條甲項第 2 款所規定之利益，吾人認爲中國之利益已在舊金山和約中予以適當顧及，此處無須重提。」〔註 35〕日本代表的這一說法可謂是偷換概念，因爲新中國和臺灣當局都沒參加舊金山會議，因此舊金山和約對於臺灣當局並不具有約束性。

在 3 月 17 日的第七次非正式會議上，專門討論了關於賠償及實施範圍的問題。此時，日方又進一步表示，日本只承認對方有處分在華日產之權，而賠償要求已獲滿足，不另行向日方索取服務補償。對此葉公超表示：「（一）我方如放棄服務補償之要求，則將來返回大陸後，將無以對全國國民，此點實具有重大之政治性；（二）簽署舊金山和約之盟國，均享有此項待遇，我方如予放棄，恐影響其他盟國（例如菲律賓）對我之關係。」〔註 36〕對於臺灣方面的陳述，日方不但不予理睬，日方全權代表河田烈反而表示：「我方始終認爲我國遺留在貴國大陸之財產，爲數甚巨，當值數百億元，以此項鉅額財產充作賠償之用，應屬已足。今貴方若再要求服務補償，實與貴方屢屢宣示對日寬大之旨不符。……貴方對服務補償之要求，適足引起日本人民對貴國之不愉快情緒，此點深望貴方考慮。」〔註 37〕河田烈的這一說法可謂是強詞奪理，作爲戰敗國的日本不但不對自己的戰爭責任進行充分的反省，反而要求作爲戰勝國的中國顧及日本人民的情緒，而放棄對日本的戰爭賠償要求。從這一事件，我們也可以發現國民黨當局在對日和談過程中所處的被動地位。另外，雖然河田烈是在 1952 年發表上述談話的，但在半個世紀後的今天，河田烈的上述看法在日本官僚中還有很大的市場，是日本政府否認戰爭賠償的一條重要「理由」。

1952 年 4 月 28 日臺灣當局在經歷 2 個多月的談判後與日本簽訂了日臺條約，其對戰爭賠償問題的最後處理爲：原臺灣當局草案中所列的賠償專條第 12 條大約 200 個字，在最後文本中全部刪除，只在協議書的第一條乙款中載明：「爲對日本人民表示寬大與友好之意起見，中華民國自動放棄根據舊金山和約第十四條甲項第一款日本國所應供應之服務之利益。」在「同意記錄」第四節中記錄爲：

〔註 35〕中華民國外交問題研究會編：《中日外交史料叢編》，《中華民國對日和約》
　　　　（九），中國國民黨中央委員會黨史委員會發行 1966 年版，第 90～91 頁。
〔註 36〕中華民國外交問題研究會編：《中日外交史料叢編》，《中華民國對日和約》
　　　　（九），中國國民黨中央委員會黨史委員會發行 1966 年版，第 118 頁。
〔註 37〕同上，第 120 頁。

日本國全權代表：

「本人瞭解：中華民國既已如本約議定書第（一）項（乙）款所述自動放棄服務補償，則根據舊金山和約第十四條甲項之規定日本國尚須給予中華民國之唯一利益，即為該約第十四條甲項第二款所規定之日本國在其中國之資產，是否如此？」

中華民國全權代表：

「然，即係如此。」〔註38〕

至此，國民黨當局完全放棄了對日戰爭索賠的要求。正如古屋奎二在其主編的《蔣介石秘錄》中所說：「此外，關於賠償問題，中華民國將舊金山和約第14條所規定的服務補償予以自動放棄。是故在中日和約中未見有一個賠償的字眼，乃是未見前例的條約。」〔註39〕

另外，對於日本與臺灣當局簽署的所謂日臺條約，1952年5月5日，中華人民共和國外交部長周恩來發表如下聲明：

美國政府強令日本吉田政府和在臺灣的中國國民黨反動殘餘集團締結所謂「和平條約」，顯然是企圖用這個所謂「和約」，把它所一手培植的兩個走狗聯合起來，妄想藉此構成對我中華人民共和國的軍事威脅。而日本吉田政府在接受了敵視中蘇、出賣日本民族利益的美製單獨對日和約之後，竟敢公然進一步依照其美國主子的命令，與早為全中國人民所一致棄絕的臺灣蔣介石殘餘集團勾搭一起，甚至狂妄無恥地說他們所訂的「條約」應「適用於現在在中華民國政府控制下或將來在其控制下之全部領土」，並在訂約之後，立即釋放雙手沾滿了中國人民的鮮血的罪大惡極的日本戰犯88人，包括臭名昭著的岡村寧次在內，這就證明日本的反動統治從1945年第二次世界大戰結束以來，為期將近七年，仍毫無悔過之心，現在它更決心追隨美國帝國主義，妄圖繼續其甲午戰爭以來武裝侵略中國的陰謀，準備重新進犯大陸，復活它對中國和亞洲人民的帝國主義統治。

〔註38〕《中日和平條約全文》，余河青著：《中日和平條約研究》，臺北嘉新水泥公司文化基金會1972年11月第1版，第92頁。

〔註39〕古屋奎二主筆：《蔣介石秘錄》第四卷，湖南人民出版社1988年12月第1版，第499頁。

　　　　中華人民共和國中央人民政府認爲有必要再次聲明：我們堅持
　　一切佔領軍隊必須撤離日本；對於美國宣佈生效的非法的單獨對日
　　和約，是絕對不能承認的；對於公開侮辱並敵視中國人民的吉田蔣
　　介石「和約」，是堅決反對的。〔註40〕

因此，雖然國民黨臺灣當局最終放棄了對日本的戰爭索賠要求，但中華人民
共和國中央政府並沒有承認國民黨臺灣當局與日本簽訂的所謂日臺條約，日
本政府以此作爲藉口來否定中國人民對日本的戰爭索償權利是沒有根據的。
當然，國民黨當局放棄對日戰爭索賠要求對後來中日建交談判及中華人民共
和國放棄對日戰爭索賠的要求產生一定的影響，但中國人民對日本的民間索
償權力，中華人民共和國中央政府並沒有放棄，戰爭索償與民間索償是兩個
不同的概念，日本政府不能因爲中國政府放棄戰爭索償要求而否認中國人民
的民間索償權利。

〔註40〕《周恩來外長關於美國宣布非法的單獨對日和約生效的聲明》，田恒主編：《戰
　　　　後中日關係文獻集》（1945～1970），中國社會科學出版社1996年版，第124
　　　　～125頁。

結　語

綜觀戰後國民政府對日戰爭索賠的全過程，大致可以分為三個階段：

（1）前期準備階段（1938 年～1946 年 3 月），即從抗戰過程中的抗戰損失調查至戰後盟國處理日本賠償問題機構遠東委員會的賠償委員會成立。這一階段國民政府主要從事抗戰損失調查工作，並在廣泛聽取社會各個方面的對日索賠要求後，醞釀並制定對日索賠的原則、辦法等。

（2）對日索賠的正式實施階段（1946 年 3 月～1949 年 5 月），即從遠東委員會的賠償委員會正式開始工作至美國政府頒佈第 104 號臨時指令取消先期拆遷賠償計劃。在這期間，遠東委員會先後通過了一些臨時賠償方案，在美國政府頒佈實施拆遷賠償的臨時指令基礎上國民政府先後從日本拆回了三批賠償物資。隨著美國對日政策的轉變，美國政府最終終止了「先期拆遷賠償」，「先期拆遷賠償」隨之夭折，國民政府為此向美國提出抗議。

（3）對日戰爭索賠的終止及放棄階段（1949 年 5 月～1952 年 4 月），即從美國政府停止先期拆遷賠償至《日臺條約》生效。其間，美國政府決定單獨對日媾和，在美國的游說和策劃下，1951 年 9 月舊金山會議召開，最終有48 個國家在舊金山對日和約上簽字，放棄了除勞務補償與處置日本留在本國的財產之權以外的一切賠償要求。臺灣當局搶在舊金山和約生效前與日本簽訂雙邊和約，完全放棄了對日索賠的要求。

在前兩個階段，國民政府在對日戰爭索賠問題上態度比較積極。從最初的抗戰損失調查，到對日戰爭索賠方案的制定，到索賠機構的設立，再到三批賠償物資的拆運回國，國民政府為實現對日戰爭索賠所做出的努力，我們必須給予積極的評價。雖然在這兩個階段，國民政府的具體工作也存在許多

不足，比如在抗戰損失調查方面，國民政府行政院賠償委員會所公佈的各項損失數字在時間上僅限於 1937 年 7 月 7 日到 1945 年 8 月 14 日，而在此之前，延至 1931 年九一八事變，這 6 年間中國遭受日本帝國主義侵略的各項公私財產直接間接損失與軍費損失及人口喪亡均未計算在內；在範圍上，也沒有包括東北、臺灣澎湖列島、海外華僑和中國共產黨領導的抗日根據地的各項公私財產直接間接損失；在內容上，僅是公私財產的損失，並沒有包括中國人民所蒙受的精神損失。另外，就國民政府所設置的抗戰損失調查機構而言，在短短幾年內，再三更名改隸，變動太多，對於推行抗戰損失調查工作，難免有緩滯間斷之處，致使損失調查不夠全面。〔註 1〕但是正是由於國民政府的努力，尤其是駐日代表團的積極工作，「先期拆遷賠償」才能夠得以順利實施。另一方面對日戰爭索賠是一項複雜的工作，牽涉到外交部、資源委員會、行政院、教育部、國防部、交通部等眾多部門，需要各部門的共同努力，通過對國民政府對日戰爭索賠的考察，可以對國民政府的行政系統有一個詳細的瞭解。

由於對日戰爭索賠牽涉到曾參與對日作戰各盟國的利益，因此對日戰爭索賠不僅是中日兩國間的事，還取決於各盟國的態度，國民政府要實現對日戰爭索賠必須協調好與各盟國的關係，尤其是需要取得戰後單獨佔領日本的美國的支持。而戰後美國的對日政策大致經歷了以下幾個階段：在戰後初期美國主張嚴格限制日本，以防止其東山再起，成為世界和平的威脅，在對日戰爭索賠方面，美國主張對超過日本和平經濟需要以外的機器設備予以拆遷賠償；但隨著美蘇冷戰的加劇以及中國國內形勢的急劇變化，美國開始改變其對日政策，在斯揣克及德雷柏等人先後赴日調研之後，美國在對日戰爭索賠方面，轉而主張減少賠償數量，恢復日本經濟；此後美國進一步主張放棄對日本的戰爭索賠。面對美國對日政策的轉變，國民政府的對日戰爭索賠態度也相應地發生變化。當然國民政府對日戰爭索賠態度的變化，除了美國對日政策的轉變以外，國民政府自身國際地位的下降也是原因之一。隨著國內解放戰爭的順利發展，國民政府雖然名義上還是「四強」之一，但其實際地位卻已大大降低。在 1949 年退居臺灣之後，臺灣國民黨當局的國際地位已經一落千丈。在 1951 年舊金山和約簽訂之後，日本政府正是利用臺灣國民黨當

〔註 1〕 高平、唐芸、陽雨編著：《血債：對日索賠紀實》，國際文化出版公司 1997 年 5 月第 1 版，第 135 頁。

局力圖維護其全中國唯一合法代表的心態，而在日臺條約談判中大做文章，最終迫使臺灣國民黨當局放棄了對日本的戰爭索賠。

　　在日本方面，自二戰結束之後日本政府在國民政府的對日戰爭索賠問題上，就一直採取拖延的態度，同時在日本戰敗的原因上，日本政府認為日本是被美國所打敗的，日本政府一直將與中國所發生的戰爭稱為事變而不承認為戰爭，「支那事變是因為我國政府和蔣介石的國民政府都無意把它當成國際法上的戰爭，所以稱為支那事變。1941 年 12 月 9 日蔣介石政權對日宣戰，從那時起才成為日中『戰爭』。」〔註 2〕對於國民政府在抗日戰爭中的地位，日本政府更是給予否認。同時由於長期戰爭所造成的中日兩國間的民族仇恨，已經深深影響日本政府的對外政策，雖然蔣介石在戰後不久便在重慶發表了對日本的「以德報怨」的講話，但這在日本國內並沒有引起重大反應，日本政府也沒有因此而對國民政府感恩戴德。蔣介石的這一對日寬大政策，反而成為 1952 年日臺條約談判過程中，日本全權代表河田烈用以否認賠償的口舌，「我方始終認為我國遺留在貴國大陸之財產，為數甚巨，當值數百億元，以此項鉅額財產充作賠償之用，應屬已足。今貴方若再要求服務補償，實與貴方屢屢宣示對日寬大之旨不符。……貴方對服務補償之要求，適足引起日本人民對貴國之不愉快情緒，此點深望貴方考慮。」〔註 3〕

　　其實早在戰後不久日本吉田茂政府便重新確立了對美協調主義的外交思路，協調外交是近代以來日本外交政策的重要傳統，也是其謀求東亞霸權目標外交實踐的產物。在戰後吉田茂政府重新確立協調主義外交思路的重要原因，是因為日本政府意識到：解決佔領外交問題的關鍵和起點，在於必須得到美國的認可和理解，與美國及其佔領當局盟總充分協調，否則政策礙難形成，即便形成亦難實施。〔註 4〕但是正如吉田茂所說，日本政府的這種「服從」，「並不是一切都惟命是從，」而是「每當對方有認識上的錯誤或不符合我國國情的情況，力求說服對方」，「採取當言者言，爾後則坦然服從的態度」〔註

〔註 2〕　〔日〕歷史研究委員會編：《大東亞戰爭的總結》，新華出版社 1997 年 12 月第 1 般，第 272 頁。

〔註 3〕　中華民國外交問題研究會編：《中日外交史料叢編》，《中華民國對日和約》（九），中國國民黨中央委員會黨史委員會發行 1966 年版，第 120 頁。

〔註 4〕　徐思偉著：《吉田茂外交思想研究》，世界知識出版社 2001 年 6 月第 1 版，第 67 頁。

〔註 5〕　〔日〕吉田茂著，韓潤棠、閻靜先、王維平譯：《十年回憶》第 1 卷，北京：世界知識出版社 1963 年 12 月第 1 版，第 116～118 頁。

5〕也就是說，在服從中進行最大限度地抗爭，力求避免正面衝突。戰後日本政府的「善待美軍」也是這一政策的產物。在戰爭賠償問題上，日本政府則採取盡量拖延的態度，同時利用盟國在對日戰爭賠償政策上的漏洞大做文章，比如戰後盟國規定在實施拆遷賠償時，凡是有利於日本和平經濟需要的機器設備則不予拆遷，另外可以轉爲民用的軍事設備經過申請也可以盡量保留，同時盟國規定允許日本人們保留維持其和平生活所必須的生活水準，雖然後來遠東委員會將這一水準確定爲 1930 至 1934 年的日本實際生活水準，但這一水準的具體標準盟國並沒有做出明確的規定，因此日本政府常向盟總進行「哭訴」要求將某項軍事工業轉爲民用。在對待「先期拆遷賠償」上，日本政府也採取敷衍的態度。總之，作爲戰敗國日本政府並沒有對其發動的侵略戰爭進行反省，反而處處利用盟國間的分歧，逃避戰爭賠償，這與戰后德國對待戰爭賠償的態度形成鮮明的對比。

　　在 1952 年日臺條約簽訂後，中華人民共和國外交部長周恩來發表了談話，明確否認日臺條約及舊金山條約。但臺灣國民黨當局放棄對日戰爭索賠要求無疑對此後的中日恢復邦交談判還是產生一定影響，尤其是今天的一些日本法院正是以這一理由否認民間人士的對日受害賠償訴訟。對於日本戰爭賠償問題，早在 1961 年周恩來總理即強調：「我們對日本人民毫無怨恨，日本人民也同樣是軍國主義的受害者。」〔註6〕1964 年 6 月陳毅外長在回答東京廣播報導局長橋本博問的談話中又進一步明確表明了新中國的態度：「中國人民在日本軍國主義者侵略中國的戰爭期間，曾經遭受巨大的損失。對此，中國人民有權要求賠償。但是，戰爭已經過了快 20 年了，現在中日兩國連和平條約都還沒有締結，這個問題從何談起。中國政府和中國人民對待中日關係，從來是向前看，而不是向後看。目前中日兩國政府需要共同努力來解決，首先是如何促進兩國關係正常化的問題。如果日本政府尊重日本人民的願望，就應該有誠意，有準備，有步驟地來解決中日兩國邦交正常化的大問題，當兩國邦交恢復時，其他具體問題是容易通過友好協商加以解決的。」〔註7〕此後中華人民共和國在處理戰後日本向中國進行戰爭賠償問題時基本上是以這一思想爲指導的。1972 年 7 月 7 日，田中角榮擔任日本首相後的次日即發表

〔註6〕《周恩來選集》下冊，第322頁。

〔註7〕世界知識社輯：《日本問題文件匯編》第 5 集，世界知識出版社，1955 年 3
　　　　月第 1 版，第 10 頁。

了要為「日中關係正常化」而努力的聲明。在此之後的兩個多月中，中日兩國領導人就恢復中日邦交進行了頻繁磋商，終於在 9 月 29 日於北京簽署了《中華人民共和國政府、日本政府聯合聲明》。該聲明的第五條規定：「中華人民共和國政府宣佈：為了中日兩國人民的友好，放棄對日本國的戰爭賠償要求。」〔註8〕至此，中日兩國間的戰爭賠償問題，由於中國政府的寬大而予以放棄，但需要說明的是，中國政府所放棄的只是國家間的戰爭賠償要求，對日民間的個人受害賠償請求權中國政府從來沒有放棄，並且中國政府放棄對日本的戰爭賠償要求是有條件的，即：「日本方面痛感日本國過去由於戰爭給中國人民造成的重大損害的責任，表示深刻的反省。日本方面重申站在充分理解中華人民共和國政府提出的『復交三原則』的立場上，謀求實現日中邦交正化這一見解。」〔註9〕

但是正是由於日本政府在對待戰爭賠償問題上的逃避態度，致使戰爭賠償問題不但未能得以全面解決，反而進一步引發了當今的民間對日受害賠償訴訟。到目前為止，中、韓等國戰爭受害者已經向日本法院提起了多起受害賠償訴訟，面對這些訴訟，日本政府不但沒有對其侵略歷史進行深刻反省，給予積極處理，反而以「戰爭導致的個人損害應通過同國家間的和平條約以及其他外交手段來解決」、「國際法並未授權個人可以起訴國家」、「國家責任豁免」、「原告的起訴已經超過訴訟時效」〔註10〕等所謂理由駁回民間受害者的對日索賠訴訟。2007 年 4 月 27 日，日本最高法院就「西松組（現西松建設公司）中國勞工訴訟案」作出終審判決，以中國人個人賠償請求權已被放棄為由，駁回了中國勞工的訴訟請求。日本最高法院首次作出的這一判決將剝奪中國民間對日戰爭索賠權，進而對所有中國的戰爭受害者訴訟案產生負面影響。

近年來日本政府在日本侵華戰爭遺留問題（主要包括民間索償問題、中國勞工傷害問題、慰安婦傷害問題、日軍遺棄化學武器問題、戰爭遺孤訴訟、釣魚島問題、南京大屠殺問題）上的態度，日益引起中國人民的關注。國民

〔註 8〕高平、唐芸、陽雨編著：《血債：對日索賠紀實》，國際文化出版公司 1997 年 5 月第 1 版，第 318 頁。

〔註 9〕同上，第 317 頁。

〔註 10〕管建強：《論對日民間索償的相關法律問題》，蘇智良、榮維木、陳麗菲主編：《日本侵華戰爭遺留問題河賠償問題》，商務印書館 2005 年 11 月第 1 版，第 728 頁。

政府的對日戰爭索賠以及當今的民間對日索償，不僅僅是一個經濟賠償問題，更重要的是，日本政府在該問題上的態度直接反應其對待侵略歷史的態度。戰爭賠償問題是戰後中日兩國關係中的重要問題，一味逃避賠償，並不是解決問題的方法，只會進一步傷害中國人民的感情，對中日關係的正常發展產生負面影響，解決日本戰爭賠償問題的關鍵取決於日本政府的態度。

主要參考文獻

一、檔案及資料彙編

（一）未刊檔案資料

中國第二歷史檔案館館藏檔案：

1. 國民政府經濟部資源委員會檔案，全宗號：二八（2）。
2. 國民政府行政院檔案，全宗號：二；全宗號：二（2）。
3. 國民政府檔案，全宗號：一（2）。
4. 國民政府外交部檔案，全宗號：一八。
5. 內政部檔案，全宗號：十二（2）；全宗號：十二（6）；全宗號：十二（7）。
6. 司法行政部檔案：全宗號：七。
7. 戰爭罪犯處理委員會檔案：全宗號：五九三（2）。

臺灣中央研究院近代史研究所館藏國民政府外交部檔案：

1. 《駐日代表團關於賠償問題報告》，檔案號：077.9／0012；影像號：11－EAP－02321。
2. 《王世杰部長就日本工業水準及其聯帶之賠償問題發表聲明》，檔案號：076.2／0003；影像號：11－EAP－02250。
3. 《我國賠償政策方案》，檔案號：077.2／0003；影像號：11－EAP－02273。
4. 《有關日本賠償參考資料》，檔案號：077.9／0006；影像號：11－EAP－02315。
5. 《中國對日要求賠償之說帖》，檔案號：077.9／0001；影像號：11－EAP－02310。

（二）資料彙編

1. 中國第二歷史檔案館編：《中華民國史檔案資料彙編》，第三編，第五輯外交，南京：江蘇古籍出版社 2000 年 1 月版。

2. 秦孝儀主編：《中華民國重要史料初編——對日抗戰時期》第二編：《作戰經過》（七）抗戰損失調查與賠償；第三編：《作戰經過》（四）；第三編：戰時外交（二）；第七編：《戰後中國》（一）、（四），「中華民國重要史料初編編輯委員會」，臺北：中國國民黨中央委員會黨史委員會編印 1981 年版。

3. 中華民國外交問題研究會編：《中日外交史料叢編》，《日本投降與我國對日態度及對俄交涉》（七）、《金山和約與中日和約的關係》（八）、《中華民國對日和約》（九），臺北：中國國民黨中央委員會黨史委員會發行 1995 年 8 月版。

4. 李毓澍、林明德主編：《中國近代史資料彙編 中日關係史料》（共 23 冊），臺北：中央研究院近代史研究所 1974～2000 年版。

5. 《在日辦理賠償歸還工作綜述》，中華民國駐日代表團編印，沈雲龍主編：《近代中國史料叢刊續輯》710 輯，臺北：臺灣文海出版有限公司印行 1980 年版。

6. 行政院新聞局編：《日本賠償》，1948 年 3 月第 1 版。

7. 亞洲世紀社編：《對日和約問題》，亞洲世紀出版社 1947 年版。

8. 艾杜斯等著，林秀譯：《對日和約問題》，上海：上海時代書報出版社 1948 年版。

9. 中華學藝社編譯：《日本研究資料》（五冊），上海：上海大成出版公司 1947 年版。

10. 中國陸軍總司令部編：《處理日本投降文件彙編》（上卷），出版社不詳 1945 年 10 月 1 日出版。

11. 中國陸軍總司令部編：《處理日本投降文件彙編》（下卷），出版社不詳 1946 年 4 月出版。

12. 張憲文主編：《南京大屠殺史料集》（第十六至十八冊），徐康英、姜良芹、郭必強等編：《抗戰損失調查委員會調查統計》，南京：江蘇人民出版社 2006 年 1 月第 1 版。

13. 張憲文主編：《南京大屠殺史料集》（第十九至二十一冊），郭必強、姜良芹等編：《日本罪行調查委員會調查統計》，南京：江蘇人民出版社 2006 年 1 月第 1 版。

14. 張憲文主編：《南京大屠殺史料集》（第二十二冊），姜良芹、郭必強編：《賠償委員會調查統計》，南京：江蘇人民出版社 2006 年 1 月第 1 版。

15. 世界知識社輯：《日本問題文件彙編》，北京：世界知識出版社，1955 年 3 月第 1 版。

16. 章伯鋒、莊建平主編：《近代中國史資料叢刊──抗日戰爭》（十一冊），成都：四川大學出版社 1997 年版。

17. 彭明主編：《中國現代史資料選輯》，第五冊（1937～1945）下；第六冊（1945～1949），北京：中國人民大學出版社 1989 年版。

18. 田恒主編：《戰後中日關係文獻集》（1945～1970），北京：中國社會科學出版社 1996 年版。

19. 田恒主編：《戰後中日關係史年表》，北京：中國社會科學出版社 1994 年版。

20. 榮孟源：《中國國民黨歷次代表大會及中央全會資料》，北京：光明出版社 1985 年版。

21.《現代國際關係史參考資料（1945～1949）》下冊，北京：高等教育出版社 1959 年版。

22. 齊世榮主編：《當代世界史資料選輯》，北京：首都師範大學出版社 1996 年 8 月版。

23.《德黑蘭、雅爾塔、波茨坦會議記錄摘編》，上海：上海人民出版社 1974 年版。

24. 人民出版社輯：《對日和約問題史料》，北京：人民出版社 1951 年版。

25.《國際條約集》（1934～1944），世界知識出版社 1961 年版。

26.《國際條約集》（1945～1947），世界知識出版社 1959 年版。

27.《國際條約集》（1948～1949），世界知識出版社 1959 年版。

28. 季嘯風、沈友益主編：《中華民國史史料外編──前日本末次研究所情報資料》，桂林：廣西師範大學出版社 1996 年 10 月第 1 版。

29. 陶文釗主編：《美國對華政策文件集（1949～1972）》第一卷（上、下冊），北京：世界知識出版社 2005 年 3 月第 1 版。

（三）回憶錄

1. 吳半農：《有關日本賠償歸還工作的一些史實》，《文史資料選輯》第七十二輯，中國人民政治協商會議全國委員會文史資料研究委員會編，北京：中華書局 1980 年出版。

2. 周錫卿：《戰後對日索賠工作與光華僚案》，《文史資料選編》第三十七輯，中國人民政治協商會議北京市委員會文史資料研究委員會編，北京：北京出版社 1989 年版。

3. 沈觀鼎：《參加駐日代表團的回憶》，《傳記文學》第 27 卷 1975 年第 1 期，第 3 期，第 4 期，臺北：傳記文學出版社 1975 年版。

4. 周宏濤口述，汪士淳整理：《中日雙邊和約談判內幕》（上），《傳記文學》第 80 卷 2002 年第 6 期，臺北：傳記文學出版社 2002 年版。

5. 周宏濤口述，汪士淳整理：《中日雙邊和約談判內幕》（下），《傳記文學》第 81 卷 2003 年第 1 期，臺北：傳記文學出版社 2003 年版。

6. 顧維鈞著，中國社會科學院近代史研究所譯：《顧維鈞回憶錄》，北京：中華書局 1989 年 5 月第 1 版。

7. 〔美〕哈里‧杜魯門著，李石譯：《杜魯門回憶錄》，北京：三聯書店 1947 年 9 月版。

8. 〔美〕道格拉斯‧麥克阿瑟著，上海師範大學歷史系翻譯組譯：《麥克阿瑟回憶錄》，上海：上海譯文出版社 1984 年版。

9. 〔日〕吉田茂著，韓潤棠、閻靜先、王維平譯：《十年回憶》（四卷），北京：世界知識出版社 1963 年 12 月第 1 版。

10. 王世杰著：《王世杰日記》（手稿本），臺北：中央研究院近代史研究所 1990 年 3 月第 1 版。

二、專著

法律專著

1. 叢文勝著：《戰爭法原理與實用》，北京：軍事科學出版社 2003 年 9 月第 1 版。

2. 王鐵崖、朱嘉蓀、田如萱、李永勝、孫華民編：《戰爭發文獻集》，北京：《解放軍出版社 1986 年 9 月第 1 版。

3. 周鯁生著：《國際法》，北京：商務印書館 1976 年 5 月第 1 版。

4. 〔英〕勞特派特修訂，王鐵崖、陳體強譯：《奧本海國際法》，北京：商務印書館 1971 年 11 月第 1 版。

5. 顧德欣編著：《戰爭法概論》，北京：國防大學出版社 1991 年版。

6. 程道德主編：《近代中國外交與國際法》，北京：現代出版社 1993 年版。

7. 陳體強著：《國際法文集》，北京：法律出版社 1985 年版。

8. 〔德〕克勞塞維茨著，解放軍軍事科學院譯：《戰爭論》，北京：商務印書館 1978 年版。

9. 露絲‧海尼格著，王鼎鈞譯：《凡爾賽和約 1919～1933》，臺北：麥田出版社 2001 年版。

10. 王鐵崖、田如萱編：《國際法資料選編》，北京：法律出版社 1981 年版。

研究專著

1. 孟國祥、喻德文著：《中國抗戰損失與戰後索賠始末》，合肥：安徽人民出版社 1995 年 2 月第 1 版。

2. 高平、唐芸、陽雨編著：《血債：對日索賠紀實》，北京：國際文化出版公司 1997 年 5 月第 1 版。

3. 袁成毅著：《中日間的戰爭賠償問題》，西安：陝西人民出版社 1999 年第 1 版。

4. 余河青著：《中日和平條約研究》，臺北：嘉新水泥公司文化基金會 1972 年 11 月第 1 版。

5. 遲景德著：《中國對日抗戰損失查史述》，臺北：國史館印行 1987 年 3 月初版。

6. 周洪鈞、管建強、王勇等著：《對日民間索償的法律與實務》，北京：時事出版社 2005 年 1 月第 1 版。

7. 李恩民著：《中日民間經濟外交（1945～1972）》，北京：人民出版社 1997 年 7 月第 1 版。

8. 徐思偉著：《吉田茂外交思想研究》，北京：世界知識出版社 2001 年 6 月第 1 版。

9. 於群著：《美國對日政策研究（1945～1972）》，長春：東北師範大學出版社 1996 年第 1 版。

10. 吳廣義著：《日本侵華戰爭遺留問題》，北京：崑崙出版社 2005 年 8 月第 1 版。

11. 管建強：《公平、正義、尊嚴——中國民間戰爭受害者對日索償的法律基礎》，上海：上海人民出版社 2006 年 7 月第 1 版。

12. 韓啓桐著：《中國對日戰事損失之估計（1937～1943）》，沈雲龍主編：《近代中國史料叢刊續編》第九輯，臺北：臺灣文海出版有限公司印行 1980 年版。

13. 徐俊元、石玉新著：《國民黨政府放棄對日索賠內幕》，北京：中國文史出版社 2003 年 3 月第 1 版。

14. 俞辛焞著：《近代日本外交研究》，天津：天津古籍出版社 2006 年 5 月第 1 版。

15. 〔日〕內田雅敏著：《戰後補償的思考》，北京：學苑出版社 1999 年版。

16. 李正堂著：《中國人關注的話題：戰爭索賠》，北京：新華出版社 1999 年 8 月第 1 版。

17. 李正堂著：《爲什麼日本不認帳：日本國戰爭賠償備忘錄》，北京：時事出版社 1997 年 7 月第 1 版。

18. 李正堂著：《死靈魂在吶喊：戰後全球索賠潮》，北京：解放軍文藝出版社 1995 年版。

19. 蘇智良、榮維木、陳麗菲主編：《日本侵華戰爭遺留問題河賠償問題》，北京：商務印書館 2005 年 11 月第 1 版。

20. 張聲振、高書全、馮瑞雲等著：《中日關係史》（下冊），北京：社會科學文獻出版社 2006 年第 1 版。

21. 梅汝璈著：《遠東國際軍事法庭》，北京：法律出版社 2005 年第 1 版。

22. 〔日〕信夫清三郎編，天津社會科學院日本問題研究所譯：《日本外交史》（下冊），北京：商務印書館 1980 年第 1 版。

23. 〔日〕竹內實著，程麻譯：《日中關係史》，北京：中國文聯出版社 2004 年第 1 版。

24. 蔣立峰、湯重南主編：《日本軍國主義論》，石家莊：河北人民出版社 2005 年 7 月第 1 版。

25. 日本歷史研究委員會編：《大東亞戰爭的總結》，北京：新華出版社 1197 年第 1 版。

26. 江口圭一著，周啓乾、劉錦明譯：《日本帝國主義史研究》，北京：世界知識出版社 2002 年第 1 版。

27. 王希亮著：《戰後日本政界戰爭觀研究》，北京：社會科學文獻出版社 2005 年第 1 版。

28. 崔丕主編：《冷戰時期美國對外政策史探微》，北京：中華書局 2002 年第 1 版。

29. 陳月娥著：《近代日本對美協調之路》，北京：中國社會科學出版社 2005 年第 1 版。

30. 〔美〕柯里著，張瑋瑛、曾學白：《伍德羅威爾遜與遠東政策》，北京：社會科學文獻出版社 1994 年 2 月第 1 版。

31. 彭玉龍著：《謝罪與翻案——德國和日本對第二次世界大戰侵略罪行反省的差異及其根源》，北京：中國人民解放軍出版社 2001 年第 1 版。

32. 韓永利著：《戰時美國大戰略與中國抗日戰場》，武漢：武漢大學出版社 2003 年第 1 版。

33. 〔英〕F.C.瓊斯、休博頓、R.B.皮爾恩著，復旦大學外文系英語教研組譯：《1942——1946 年的遠東》（下冊），上海：上海譯文出版社 1979 年 2 月第 1 版。

34. 資中筠著：《美國對華政策的緣起和發展 1945——1950》，重慶：重慶出版社 1987 年 6 月第 1 版。

35. 許介鱗著：《日本現代史》，臺北：三民書局印行 1191 年 8 月第 1 版。

36. 甘友蘭著：《戰後日本的國勢》，文光書局印行 1958 年 4 月第 1 版。

37. 陳水逢著：《日本近代史》，臺北：中華學術院日本研究所中華大典編印會印行 1968 年 5 月第 1 版。

38. 愛德華·賴孝和著，蘇葵珍、蘇新芳譯：《日本之過去與現在》，協志工業叢書出版股份有限公司 1975 年 3 月第 1 版。

39. 伍啓元著：《中國工業建設之資本與人才問題》（附錄），商務印書館 1946 年版。

40. 林金荃著：《戰後中日關係之實證研究》，臺北：臺灣中日關係研究會編印 1984 年版。

41. 林代昭著：《戰後中日關係史 1945～1992》，北京：北京大學出版社 1992 年版。

42. 宋成有等著：《戰後日本外交史 1945～1994》，北京：世界知識出版社 1995 年版。

43. 司馬桑敦著：《中日關係二十五年》，臺北：臺灣聯合報出版社 1978 年版。

44. 〔蘇〕波爾塔夫斯基（И.Полтавский），〔蘇〕瓦辛（А.Васин）著，陳用儀譯：《被佔領的日本》，北京：世界知識出版社 1953 年版。

45. 思慕著：《戰後日本問題》，上海：士林書店 1948 年版。

46. 中華學藝社編譯：《日本研究資料》（五冊），上海：上海大成出版公司 1947 年版。

47. 〔日〕高本健一等編：《香港軍票與戰後補償》，香港：明報出版社有限公司 1995 年版。

48. 張群著：《我與日本七十年》，臺北：中日關係研究會出版 1980 年 5 月第 3 版。

49. 參考資料特字第八號：《聯合國管制日本方案》，國防部第二廳編印，1946 年 12 月 31 日。

50. 阿明德著：《如何處置戰敗的日本》，重慶：國際編譯社編譯。

51. 施嘉明編譯：《戰後日本政治外交簡史——戰敗至越戰》，臺北：臺灣商務印書館發行 1979 年 10 月第 1 版。

52. 許倬雲、邱宏達主編：《抗戰勝利的代價》，臺北：臺灣聯合報社出版 1987 年 6 月第 1 版。

53. 〔日〕森村誠一著，關成和、徐明勳譯：《魔鬼的樂園：關東軍細菌戰部隊戰後秘史》，哈爾濱：黑龍江出版社 1984 年 10 月第 1 版。

54. 何應欽著：《八年抗戰》，臺北：國防部史政編譯局 1982 年版。

55. 〔日〕古屋奎二著：《蔣介石秘錄》，長沙：湖南人民出版社 1988 年版。

56. 常書林主編：《日本與遠東》，桂林：前導書局 1937 年 8 月第 1 版。

57. 日本歷史學研究會編：《太平洋戰爭史》（第 5 卷），北京：商務印書館 1963 年版。

58. 〔日〕服部卓四郎著，張玉祥、趙寶庫譯：《大東亞戰爭全史》，北京：商務印書館 1984 年版。

59. 《民營事業價購日本賠償物資契約》，南京市圖書館古籍部館藏。

60. 〔日〕阿部豐治著，姚伯麟譯：《戰後太平洋問題》，上海，改造與醫學社 1932 年 10 月第 3 版。

61. 陶百川、陳述會編著：《楊格計劃與賠償問題》，上海：大東書局印行 1930 年 5 月版。

62. 《中義為解決由戰事所引起損害賠償問題換文》，南京：中華民國國民政府外交部編印，白皮書第九十八號（1948 年 1 月）。

63. 張雅麗著：《戰後日本對外戰略研究》，杭州：浙江人民出版社 2002 年版。

64. 王芸生著：《日本半月》，上海：大公報館 1946 年發行。

65. 〔日〕近衛文麿著，高天源、孫識齊譯：《日本政界二十年》，上海：國際文化服務社 1948 年版。

66. 〔日〕近衛文麿著，孫識齊譯：《日本投降內幕》，上海：國際文化服務社 1947 年版。

67. 〔日〕野田正彰著，朱春立譯：《戰爭與罪責》，北京：崑崙出版社 2004 年 7 月第 4 版。

68. 王振鎖著：《日本戰後五十年（1945～1949）》，北京：世界知識出版社 1996 年 2 月第 1 版。

69. 吳廣義著：《日本的歷史認識問題》，廣州：廣東人民出版社 2005 年 8 月第 1 版。

70. 〔日〕若規泰雄著，趙自瑞等譯：《日本的戰爭責任》，北京：社會科學出版社 1999 年 9 月第 1 版。

71. 中國社會科學院近代史研究所：《日本侵華七十年》，北京：中國社會科學出版社 1992 年 10 月第 1 版。

72. 張暄編著：《當代中日關係四十年（1949～1989）》，北京：時事出版社 1993 年 8 月第 1 版。

73. 吳學文、林連德、徐之先著：《當代中日關係史（1945～1994）》，北京：時事出版社 1995 年 8 月第 1 版。

74. 李玉、夏應元、湯重南主編：《中國的中日關係史研究》，北京：世界知識出版社 2000 年 12 月第 1 版。

75. 毛傳清、殷昌友著：《日本與國共及海峽兩岸關係》，武漢：武漢出版社 2001 年 8 月第 1 版。

76. 田桓主編：《戰後中日關係史（1945～1995）》，北京：中國社會科學出版社 2002 年 6 月第 1 版。

77. 〔日〕NHK 採訪組著，蕭紅譯：《周恩來的決斷》，北京：中國青年出版社 1994 年 8 月第 1 版。

78. 劉傑、三谷博、楊大慶等著：《超越國境的歷史認識──來自日本學者及海外中國學者的視角》，北京：社會科學文獻出版社 2006 年 5 月第 1 版。

79. 武寅著：《從協調外交到自主外交——日本在推行對華政策重與西方列強的關係》，北京：中國社會科學出版社 1995 年 12 月第 1 版。

80. 金熙德著：《日本政府開發援助》，北京：社會科學文獻出版社 2000 年 1 月第 1 版。

81. 陳月娥著：《近代日本對美協調之路》，北京：中國社會科學出版社 2005 年 3 月第 1 版。

82. 〔日〕法眼晉作著，袁靖、游榮武、王建華譯：《二戰期間日本外交內幕》，北京：中國文史出版社 1993 年 5 月第 1 版。

83. 王瑋主編：《美國對亞太政策的演變 1776～1995》，濟南：山東人民出版社 1995 年 12 月第 1 版。

84. 趙學功著：《巨大的轉變：戰後美國對東亞的政策》，天津：天津人民出版社 2002 年 3 月第 1 版。

85. 魏曉陽著：《制度突破與文化變遷——透視日本憲政的百年歷程》，北京：北京大學出版社 2006 年 4 月第 1 版。

86. 殷燕軍著：《近代日本政治體制》，北京：社會科學文獻出版社 2006 年 9 月第 1 版。

87. 蕭偉著：《戰後日本國家安全戰略》，北京：新華出版社 2000 年 1 月第 1 版。

88. 崔丕著：《美國的冷戰戰略與巴黎統籌委員會、中國委員會（1945～1994)》，北京：中華書局 2005 年 10 月第 1 版。

89. 王振鎖著：《戰後日本政黨政治》，北京：人民出版社 2004 年 8 月第 1 版。

90. 〔日〕小森陽一著，稱多友譯：《天皇的玉音放送》，北京：生活‧讀書‧新知三聯書店 2004 年 8 月第 1 版。

91. 〔日〕開味準之輔著，董果良譯：《日本政治史》（第四冊），北京：商務印書館 1997 年 12 月第 1 版。

碩士、博士論文

1. 張民軍著：《日本戰爭賠償研究》，東北師範大學 2003 年博士論文。

2. 張秋山著：《中國對日索賠的歷史考察》，河北大學 2001 年碩士論文。

3. 何力群著：《抗戰勝利後國民政府對日政策述評（1945～1949)》，東北師範大學 2002 年碩士論文。

4. 高遠著：《中日關係中的歷史遺留問題分析》，北京大學 2005 年碩士論文。

5. 蔣清宏著：《戰後蘇軍拆遷東北工礦業研究》，中國社會科學院研究生院 2003 年碩士論文。

6. 陳銳著：《戰後日本東南亞外交——經濟、政治與安全》，外交學院 2000 年碩士論文。

7. 蕭俊著：《日本侵華戰爭遺留問題研究》，江西師範大學 2005 年碩士論文。

8. 歐陽安著：《論中日關係中的歷史認識問題》，外交學院 2001 年碩士論文。

9. 王麗萍著：《中日兩國「二戰史觀」的分歧論析》，東北師範大學 2002 年碩士論文。

10. 林曉光著：《日本政府開發援助與中日關係》，中共中央黨校 2002 年博士論文。

11. 武向平著：《「吉田書簡」與戰後初期日本對華政策》，東北師範大學 2005 年碩士論文。

12. 王瑞玲著：《從國際法視角論二戰後中國民間對日索賠問題》，中國政法大學 2006 年碩士論文。

13. 董玉鵬著：《日軍遺留化學武器損害賠償主體問題研究》，山東大學 2005 年碩士論文。

14. 劉新影著：《日本對華的政府開發援助與中日關係》，延邊大學 2005 年碩士論文。

15. 林國明著：《猶太人社團與以色列對德國的戰爭索賠》，東北師範大學 2005 年博士論文。

16. 彭文平著：《日本對東盟的經濟援助及其政治化問題研究》，暨南大學 2004 年碩士論文。

三、報刊雜誌

1949 年以前

1.《中央日報》，1945～1949 年，南京。

2.《大公報》，1945～1949 年，天津。

3.《申報》，1945～1949 年，上海。

4.《民國日報》，1945～1947 年，南京。

5.《解放日報》。

6.《新華日報》。

7.《東方雜誌》，上海。

8.《中華年鑒》，1948 年。

9.《中華民國年鑒》，1952 年。

10.《中國外交年鑒》。

11.《亞洲世紀》，第 1～3 卷，改造出版社發行。

12.《世界月刊》，第二卷第四期。

13.《世紀評論》，第 1～4 卷。

14.《觀察》，第 1～3 卷。

1949 年以後

《日本侵華研究》、《歷史研究》、《近代史研究》、《抗日戰爭研究》、《近代中國》、《民國檔案》、《日本學》、《日本研究論集》、《日本學研究》、《日本學研究論叢》、《傳記文學》、《文史資料選輯》。